TRANZLATY

La Langue est pour tout le Monde

언어는 모든 사람을 위한 것입니다

Le Manifeste Communiste

공산당 선언

Karl Marx
&
Friedrich Engels

Français / 한국어

Published by Tranzlaty
ISBN: 978-1-80572-369-1
Original text by Karl Marx and Friedrich Engels
The Communist Manifesto
First published in 1848
www.tranzlaty.com

Introduction
소개

Un spectre hante l'Europe : le spectre du communisme
공산주의의 유령이 유럽을 떠돌고 있다

Toutes les puissances de la vieille Europe ont conclu une sainte alliance pour exorciser ce spectre
옛 유럽의 모든 강대국은 이 유령을 쫓아내기 위해 신성한 동맹을 맺었습니다

Le pape et le tsar, Metternich et Guizot, les radicaux français et les espions de la police allemande
교황과 황제, 메테르니히와 귀조, 프랑스 급진파와 독일 경찰 스파이

Où est le parti dans l'opposition qui n'a pas été décrié comme communiste par ses adversaires au pouvoir ?
야당이 집권 반대파로부터 공산주의자라고 비난받지 않은 정당이 어디 있겠는가?

Où est l'opposition qui n'a pas rejeté le reproche de marque du communisme contre les partis d'opposition les plus avancés ?
공산주의라는 낙인찍힌 비난을 더 선진적인 야당에 쏟아붓지 않은 야당이 어디 있겠는가?

Et où est le parti qui n'a pas porté l'accusation contre ses adversaires réactionnaires ?
그리고 반동적인 적대자들에 대한 비난을 하지 않은 당이 어디 있겠는가?

Deux choses résultent de ce fait
이 사실에서 두 가지 결과가 발생합니다

I. Le communisme est déjà reconnu par toutes les puissances européennes comme étant lui-même une puissance
I. 공산주의는 이미 유럽의 모든 강대국들에 의해 그 자체로 강대국으로 인정되고 있다

II. Il est grand temps que les communistes publient ouvertement, à la face du monde entier, leurs vues, leurs buts et leurs tendances

II. 공산주의자들이 전 세계 앞에서 그들의 견해와 목표와 경향을 공개적으로 발표해야 할 때이다

ils doivent répondre à ce conte enfantin du spectre du communisme par un manifeste du parti lui-même

그들은 공산주의의 망령에 대한 이 동화를 당 자체의 선언으로 만나야 한다

À cette fin, des communistes de diverses nationalités se sont réunis à Londres et ont esquissé le manifeste suivant

이를 위해 다양한 국적의 공산주의자들이 런던에 모여 다음과 같은 선언문을 작성했다

ce manifeste sera publié en anglais, français, allemand, italien, flamand et danois

이 선언문은 영어, 프랑스어, 독일어, 이탈리아어, 플랑드르어 및 덴마크어로 출판되어야 합니다

Et maintenant, il doit être publié dans toutes les langues proposées par Tranzlaty

그리고 이제 Tranzlaty가 제공하는 모든 언어로 출판될 예정입니다

Les bourgeois et les prolétaires
부르주아지와 프롤레타리아

L'histoire de toutes les sociétés qui ont existé jusqu'à présent est l'histoire des luttes de classes
지금까지 존재하는 모든 사회의 역사는 계급투쟁의 역사이다

Homme libre et esclave, patricien et plébéien, seigneur et serf, maître de guilde et compagnon
자유인과 노예, 귀족과 평민, 영주와 농노, 길드 마스터와 숙련공

en un mot, oppresseur et opprimé
한마디로 압제자와 피억압자입니다

Ces classes sociales étaient en opposition constante les unes avec les autres
이 사회 계급들은 끊임없이 서로 대립하고 있었다

Ils se sont battus sans interruption. Maintenant caché, maintenant ouvert
그들은 쉬지 않고 싸움을 계속했다. 이제 숨겨져 있습니다.

un combat qui s'est terminé par une reconstitution révolutionnaire de la société dans son ensemble
이 싸움은 사회 전반의 혁명적 재구성으로 끝났다

ou un combat qui s'est terminé par la ruine commune des classes en lutte
또는 다투는 계급들의 공통된 파멸로 끝난 싸움

Jetons un coup d'œil aux époques antérieures de l'histoire
역사의 초기 시대를 되돌아 보자

Nous trouvons presque partout un arrangement compliqué de la société en divers ordres
우리는 거의 모든 곳에서 사회가 다양한 계층으로 복잡하게 배열되어 있는 것을 발견한다

Il y a toujours eu une gradation multiple du rang social
사회적 지위에는 항상 다양한 등급이 있었다

Dans la Rome antique, nous avons des patriciens, des chevaliers, des plébéiens, des esclaves

고대 로마에는 귀족, 기사, 평민, 노예가 있습니다

au Moyen Âge : seigneurs féodaux, vassaux, maîtres de corporation, compagnons, apprentis, serfs

중세 시대 : 봉건 영주, 봉신, 길드 마스터, 숙련공, 견습생, 농노

Dans presque toutes ces classes, encore une fois, les gradations subordonnées

거의 모든 수업에서 다시 하위 등급입니다

La société bourgeoise moderne est née des ruines de la société féodale

현대 부르주아 사회는 봉건 사회의 폐허에서 싹을 틔웠다

Mais ce nouvel ordre social n'a pas fait disparaître les antagonismes de classe

그러나 이 새로운 사회 질서는 계급 적대감을 없애지 못했다

Elle n'a fait qu'établir de nouvelles classes et de nouvelles conditions d'oppression

그것은 단지 새로운 계급과 새로운 억압의 조건들을 확립했을 뿐이다

Il a mis en place de nouvelles formes de lutte à la place des anciennes

그것은 낡은 투쟁 대신에 새로운 형태의 투쟁을 확립했다

Cependant, l'époque dans laquelle nous nous trouvons possède un trait distinctif

그러나 우리가 살고 있는 이 시대에는 한 가지 뚜렷한 특징이 있습니다

l'époque de la bourgeoisie a simplifié les antagonismes de classe

부르주아지의 시대는 계급적 적대를 단순화시켰다

La société dans son ensemble se divise de plus en plus en deux grands camps hostiles

사회 전체는 점점 더 두 개의 거대한 적대적인 진영으로 분열되고 있다

deux grandes classes sociales qui se font directement face : la bourgeoisie et le prolétariat

서로 직접 대면하는 두 개의 거대한 사회 계급: 부르주아지와 프롤레타리아트

Des serfs du Moyen Âge sont sortis les bourgeois agréés des premières villes

중세의 농노들로부터 가장 초기의 도시들의 전세 된 부르거들이 솟아났다

C'est à partir de ces bourgeois que se sont développés les premiers éléments de la bourgeoisie

이 버제스로부터 부르주아지의 첫 번째 요소들이 개발되었다

La découverte de l'Amérique et le contournement du Cap

아메리카 대륙의 발견과 케이프의 일주

ces événements ont ouvert un nouveau terrain à la bourgeoisie montante

이 사건들은 떠오르는 부르주아지에게 새로운 지평을 열었다

Les marchés des Indes orientales et de la Chine, la colonisation de l'Amérique, le commerce avec les colonies

동인도와 중국 시장, 아메리카 대륙의 식민지화, 식민지와의 무역

l'augmentation des moyens d'échange et des marchandises en général

교환 수단과 상품의 증가

Ces événements donnèrent au commerce, à la navigation et à l'industrie une impulsion jamais connue jusque-là

이러한 사건들은 상업, 항해 및 산업에 이전에는 결코 알려지지 않았던 자극을 주었다

Elle a donné un développement rapide à l'élément révolutionnaire dans la société féodale chancelante

그것은 비틀거리는 봉건 사회에서 혁명적 요소를 급속히 발전시켰다

Les guildes fermées avaient monopolisé le système féodal de la production industrielle

폐쇄된 길드가 봉건적 산업 생산 체제를 독점하고
있었다

**Mais cela ne suffisait plus aux besoins croissants des
nouveaux marchés**

그러나 이것은 더 이상 새로운 시장의 증가하는 수요를
충족시키기에 충분하지 않았다

**Le système manufacturier a pris la place du système féodal
de l'industrie**

제조업 체제는 봉건적 산업 체제를 대신했다

**Les maîtres de guilde étaient poussés d'un côté par la classe
moyenne manufacturière**

길드 마스터들은 제조업 중산층에 의해 한쪽으로
밀려났다

**La division du travail entre les différentes corporations a
disparu**

서로 다른 기업 길드 간의 분업이 사라졌습니다

La division du travail s'infiltrait dans chaque atelier

분업은 각 작업장에 침투했다

**Pendant ce temps, les marchés ne cessaient de croître et la
demande ne cessait d'augmenter**

그러는 동안 시장은 계속 성장했고 수요는 계속
증가했습니다

**Même les usines ne suffisaient plus à répondre à la
demande**

공장조차도 더 이상 수요를 충족시키기에 충분하지
않았습니다

**À partir de là, la vapeur et les machines ont révolutionné la
production industrielle**

그 후 증기와 기계는 산업 생산에 혁명을 일으켰습니다

**La place de fabrication a été prise par le géant de l'industrie
moderne**

제조의 장소는 거인, 현대 산업이 차지했습니다

**La place de la classe moyenne industrielle a été prise par des
millionnaires industriels**

산업 중산층의 자리는 산업 백만장자들이 차지했다

la place de chefs d'armées industrielles entières ont été
prises par la bourgeoisie moderne

전체 산업 군대의 지도자들의 자리는 현대 부르주아지가
차지했다

la découverte de l'Amérique a ouvert la voie à l'industrie
moderne pour établir le marché mondial

아메리카 대륙의 발견은 현대 산업이 세계 시장을
형성할 수 있는 길을 열었습니다

Ce marché donna un immense développement au commerce,
à la navigation et aux communications par terre

이 시장은 육로를 통한 상업, 항해 및 통신에 엄청난
발전을 가져왔습니다

Cette évolution a, en son temps, réagi à l'extension de
l'industrie

이 발전은 그 시간에 산업의 확장에 반응했습니다

elle a réagi proportionnellement à l'expansion de l'industrie
et à l'extension du commerce, de la navigation et des
chemins de fer

그것은 산업이 확장되는 방식과 상업, 항해 및 철도가
확장되는 방식에 비례하여 반응했습니다

dans la même proportion que la bourgeoisie s'est
développée, elle a augmenté son capital

부르주아지가 발전한 것과 같은 비율로, 그들은 자본을
늘렸다

et la bourgeoisie a relégué à l'arrière-plan toutes les classes
héritées du Moyen Âge

그리고 부르주아 계급은 중세로부터 전해 내려온 모든
계급을 뒷전으로 밀어냈다

c'est pourquoi la bourgeoisie moderne est elle-même le
produit d'un long développement

그러므로 현대 부르주아지는 그 자체로 오랜 발전
과정의 산물이다

On voit qu'il s'agit d'une série de révolutions dans les
modes de production et d'échange

우리는 그것이 생산양식과 교환양식의 일련의 혁명임을
본다

Chaque étape du développement de la bourgeoisie
s'accompagnait d'une avancée politique correspondante
부르주아지의 발전적 단계마다 그에 상응하는 정치적
전진이 수반되었다

Une classe opprimée sous l'emprise de la noblesse féodale
봉건 귀족의 지배 아래 있는 억압받는 계급

Une association armée et autonome dans la commune
médiévale
중세 코뮌의 무장 및 자치 협회

ici, une république urbaine indépendante (comme en Italie
et en Allemagne)
여기에는 이탈리아와 독일에서와 같이 독립 도시
공화국이 있습니다

là, un « tiers état » imposable de la monarchie (comme en
France)
거기에, 군주국의 과세 가능한 "제 3 신분"(프랑스에서와
같이)

par la suite, dans la période de fabrication proprement dite
그 후, 적절한 제조 기간

la bourgeoisie servait soit la monarchie semi-féodale, soit la
monarchie absolue
부르주아 계급은 반(半)봉건 또는 절대 왕정에 복무했다

ou bien la bourgeoisie faisait contrepoids à la noblesse
또는 부르주아 계급이 귀족에 대항하는 대항마로
행동했다

et, en fait, la bourgeoisie était une pierre angulaire des
grandes monarchies en général
그리고 사실, 부르주아 계급은 일반적으로 위대한
군주국들의 주춧돌이었다

mais l'industrie moderne et le marché mondial se sont
établis depuis lors
그러나 현대 산업과 세계 시장은 그 이후로 자리
잡았습니다

et la bourgeoisie s'est emparée de l'emprise politique exclusive

그리고 부르주아지는 배타적인 정치적 지배력을 스스로 장악했다

elle a obtenu cette influence politique à travers l'État représentatif moderne

그것은 근대적 대의국가를 통하여 이러한 정치적 지배력을 획득하였다

Les exécutifs de l'État moderne ne sont qu'un comité de gestion

현대 국가의 집행자들은 단지 관리 위원회에 불과하다

et ils gèrent les affaires communes de toute la bourgeoisie

그리고 그들은 부르주아 계급 전체의 공통된 일들을 관리한다

La bourgeoisie, historiquement, a joué un rôle des plus révolutionnaires

역사적으로 부르주아지는 가장 혁명적인 역할을 해왔다

Partout où elle a pris le dessus, elle a mis fin à toutes les relations féodales, patriarcales et idylliques

우위를 점하는 곳마다 모든 봉건적, 가부장적, 목가적 관계를 종식시켰다

Elle a impitoyablement déchiré les liens féodaux hétéroclites qui liaient l'homme à ses « supérieurs naturels »

그것은 인간을 "타고난 상급자"에게 묶어 놓았던 잡다한 봉건적 유대를 무자비하게 찢어 버렸다

et il n'y a plus de lien entre l'homme et l'homme, si ce n'est l'intérêt personnel

그리고 그것은 인간과 인간 사이에 적나라한 이기심 외에는 아무런 연결고리도 남기지 않았다

Les relations de l'homme entre eux ne sont plus qu'un « paiement en espèces » impitoyable

인간과 인간의 관계는 냉담한 "현금 지불"에 지나지 않는다

Elle a noyé les extases les plus célestes de la ferveur religieuse

그것은 종교적 열정의 가장 천상의 황홀경을 익사시켜
버렸다

**elle a noyé l'enthousiasme chevaleresque et le
sentimentalisme philistin**

그것은 기사도의 열정과 속물적인 감상주의를
익사시켰다

Il a noyé ces choses dans l'eau glacée du calcul égoïste

그것은 이러한 것들을 자기중심적인 계산의 얼음물 속에
빠뜨려 버렸다

Il a transformé la valeur personnelle en valeur échangeable

그것은 개인의 가치를 교환 가능한 가치로 바꾸어
놓았다

**elle a remplacé les innombrables et inaliénables libertés
garanties par la Charte**

그것은 셀 수 없이 많고 부인할 수 없는 헌장된 자유를
대체했다

**et il a mis en place une liberté unique et inadmissible ;
Libre-échange**

그리고 그것은 단 하나의 비양심적인 자유를 확립했다.
자유 무역

En un mot, il l'a fait pour l'exploitation

한마디로 착취를 위해 이런 짓을 한 것이다

**Une exploitation voilée par des illusions religieuses et
politiques**

종교적, 정치적 환상에 가려진 착취

**l'exploitation voilée par une exploitation nue, éhontée,
directe, brutale**

벌거벗고, 뻔뻔하고, 직접적이고, 잔인한 착취로 가려진
착취

**la bourgeoisie a enlevé l'auréole de toutes les occupations
jusque-là honorées et vénérées**

부르주아 계급은 이전에 영예롭고 존경받던 모든
직업에서 후광을 벗겨냈다

le médecin, l'avocat, le prêtre, le poète et l'homme de science

의사, 법률가, 성직자, 시인, 과학자

Il a converti ces travailleurs distingués en ses travailleurs salariés

정부는 이 뛰어난 노동자들을 유급 임금 노동자로 전환시켰다

La bourgeoisie a déchiré le voile sentimental de la famille

부르주아 계급은 가족으로부터 감상적인 베일을 찢어버렸다

et elle a réduit la relation familiale à une simple relation d'argent

그리고 그것은 가족 관계를 단순한 돈 관계로 축소시켰다

la brutale démonstration de vigueur au Moyen Âge que les réactionnaires admirent tant

반동주의자들이 그토록 찬양하는 중세의 잔인한 활력 과시

Même cela a trouvé son complément approprié dans l'indolence la plus paresseuse

이것조차도 가장 게으른 나태함에서 적절한 보완을 찾았다

La bourgeoisie a révélé comment tout cela s'est passé

부르주아 계급은 이 모든 일이 어떻게 이루어졌는지를 밝혔다

La bourgeoisie a été la première à montrer ce que l'activité de l'homme peut produire

부르주아 계급은 인간의 활동이 무엇을 가져올 수 있는지를 처음으로 보여주었다

Il a accompli des merveilles surpassant de loin les pyramides égyptiennes, les aqueducs romains et les cathédrales gothiques

그것은 이집트의 피라미드, 로마의 수로, 고딕 양식의 대성당을 훨씬 능가하는 경이로움을 이루었습니다

et il a mené des expéditions qui ont mis dans l'ombre tous les anciens Exodes des nations et les croisades

그리고 그것은 이전의 모든 출애굽과 십자군 원정을 그늘에 가두는 원정을 수행했습니다

La bourgeoisie ne peut exister sans révolutionner sans cesse les instruments de production

부르주아지는 생산수단들을 끊임없이 혁명화하지 않고는 존재할 수 없다

et par conséquent elle ne peut exister sans ses rapports à la production

따라서 그것은 생산과의 관계 없이는 존재할 수 없다

et donc elle ne peut exister sans ses relations avec la société

따라서 사회와의 관계 없이는 존재할 수 없다

Toutes les classes industrielles antérieures avaient une condition en commun

초기의 모든 산업 계급에는 한 가지 공통된 조건이 있었다

Ils s'appuyaient sur la conservation des anciens modes de production

그들은 낡은 생산양식의 보존에 의존했다

mais la bourgeoisie a apporté avec elle une dynamique tout à fait nouvelle

그러나 부르주아지는 완전히 새로운 역동성을 가져왔다

Révolution constante de la production et perturbation ininterrompue de toutes les conditions sociales

생산의 끊임없는 혁명과 모든 사회적 조건의 중단 없는 교란

cette incertitude et cette agitation perpétuelles distinguent l'époque bourgeoise de toutes les époques antérieures

이 영원한 불확실성과 동요는 부르주아지 시대를 이전의 모든 시대와 구별한다

Les relations antérieures avec la production s'accompagnaient de préjugés et d'opinions anciens et vénérables

생산과의 이전 관계는 오래되고 유서 깊은 편견과 의견을 가지고 왔습니다

Mais toutes ces relations figées et figées sont balayées d'un revers de main

그러나 이 모든 고정되고 급속히 얼어붙은 관계는 쓸려나간다

Toutes les relations nouvellement formées deviennent archaïques avant de pouvoir s'ossifier

새로 형성된 모든 관계는 골화되기 전에 구식이 된다

Tout ce qui est solide se fond dans l'air, et tout ce qui est saint est profané

단단한 것은 모두 녹아 공기 속으로 들어가고, 거룩한 것은 모두 더럽혀진다

L'homme est enfin forcé de faire face, avec des sens sobres, à ses conditions réelles de vie

인간은 마침내 냉철한 감각, 즉 삶의 실제 조건들을 직시하지 않을 수 없게 된다

et il est obligé de faire face à ses relations avec les siens

그리고 그는 자신의 종족과의 관계를 직시하지 않을 수 없다

La bourgeoisie a constamment besoin d'élargir ses marchés pour ses produits

부르주아 계급은 끊임없이 자신의 상품에 대한 시장을 확대할 필요가 있다

et, à cause de cela, la bourgeoisie est poursuivie sur toute la surface du globe

그리고 이 때문에 부르주아 계급은 지구 표면 전체에 쫓기고 있다

La bourgeoisie doit se nicher partout, s'installer partout, établir des liens partout

부르주아 계급은 어디에나 자리 잡고, 어디에나 정착하고, 모든 곳에서 연결을 구축해야 한다

La bourgeoisie doit créer des marchés dans tous les coins du monde pour exploiter

부르주아지는 착취하기 위해 세계 곳곳에 시장을 창출해야 한다

La production et la consommation dans tous les pays ont reçu un caractère cosmopolite

모든 나라의 생산과 소비는 국제적 성격을 띠고 있다

le chagrin des réactionnaires est palpable, mais il s'est poursuivi malgré tout

반동주의자들의 억울함은 뚜렷하지만, 그것은 개의치
않고 계속되어 왔다

**La bourgeoisie a tiré de dessous les pieds de l'industrie le
terrain national sur lequel elle se trouvait**

부르주아지는 자신들이 서 있는 민족적 토대를 산업의
발밑에서 끌어냈다

**Toutes les anciennes industries nationales ont été détruites,
ou sont détruites chaque jour**

모든 오래된 국가 산업이 파괴되었거나 매일 파괴되고
있습니다

**Toutes les anciennes industries nationales sont délogées par
de nouvelles industries**

기존의 모든 국가 산업은 새로운 산업에 의해 밀려난다

**Leur introduction devient une question de vie ou de mort
pour toutes les nations civilisées**

그들의 도입은 모든 문명 국가의 삶과 죽음의 문제가
됩니다

**Ils sont délogés par les industries qui ne travaillent plus la
matière première indigène**

그들은 더 이상 토착 원료를 생산하지 않는 산업에 의해
쫓겨납니다

**Au lieu de cela, ces industries extraient des matières
premières des zones les plus reculées**

대신, 이러한 산업은 가장 외딴 지역에서 원자재를
가져옵니다

**dont les produits sont consommés, non seulement chez
nous, mais dans tous les coins du monde**

가정에서뿐만 아니라 전 세계 모든 곳에서 제품이
소비되는 산업

**À la place des anciens besoins, satisfaits par les productions
du pays, nous trouvons de nouveaux besoins**

낡은 욕구 대신에, 그 나라의 생산에 의해 충족되는
새로운 욕구를 발견한다

**Ces nouveaux besoins exigent pour leur satisfaction les
produits des pays et des climats lointains**

이러한 새로운 욕구는 그들의 만족을 위하여 먼 나라와 지방의 산물을 필요로 한다

À la place de l'ancien isolement et de l'autosuffisance locaux et nationaux, nous avons le commerce

낡은 지역적, 국가적 고립과 자급자족 대신에, 우리는 무역을 가지고 있다

les échanges internationaux dans toutes les directions ; l'interdépendance universelle des nations

모든 방향의 국제 교류; 국가들의 보편적 상호의존성

Et de même que nous sommes dépendants des matériaux, nous sommes dépendants de la production intellectuelle

그리고 우리가 물질에 의존하는 것과 마찬가지로, 우리는 지적 생산에 의존한다

Les créations intellectuelles des nations individuelles deviennent la propriété commune

개별 국가의 지적 창조물은 공동 재산이 된다

L'unilatéralité nationale et l'étroitesse d'esprit deviennent de plus en plus impossibles

민족적 일방성과 편협함은 점점 더 불가능해진다

et des nombreuses littératures nationales et locales, surgit une littérature mondiale

그리고 수많은 국가 및 지역 문학에서 세계 문학이 생겨납니다

par l'amélioration rapide de tous les instruments de production

생산의 모든 계기의 급속한 개선에 의하여

par les moyens de communication immensément facilités

엄청나게 편리한 통신 수단에 의해

La bourgeoisie entraîne tout le monde (même les nations les plus barbares) dans la civilisation

부르주아 계급은 모든 (심지어 가장 야만적인 나라들조차도) 문명 속으로 끌어들인다

Les prix bon marché de ses marchandises ; l'artillerie lourde qui abat toutes les murailles chinoises

상품의 저렴한 가격; 모든 중국 성벽을 무너뜨리는
중포병

La haine obstinée des barbares contre les étrangers est forcée de capituler

외국인에 대한 야만인들의 강렬한 증오심은 항복할
수밖에 없다

Elle oblige toutes les nations, sous peine d'extinction, à adopter le mode de production bourgeois

그것은 모든 민족들이 소멸의 고통 속에서 부르주아지의
생산양식을 채택하도록 강요한다

elle les oblige à introduire ce qu'elle appelle la civilisation en leur sein

그것은 그들이 문명이라고 부르는 것을 그들 가운데
도입하도록 강요합니다

La bourgeoisie force les barbares à devenir eux-mêmes bourgeois

부르주아지는 야만인들을 부르주아지가 되라고
강요한다

en un mot, la bourgeoisie crée un monde à son image

한마디로 부르주아지는 자신의 형상을 따라 세계를
창조한다

La bourgeoisie a soumis les campagnes à la domination des villes

부르주아 계급은 농촌을 도시의 지배에 복종시켰다

Il a créé d'énormes villes et considérablement augmenté la population urbaine

그것은 거대한 도시를 만들고 도시 인구를 크게
증가시켰습니다

Il a sauvé une partie considérable de la population de l'idiotie de la vie rurale

그것은 농촌 생활의 어리석음으로부터 인구의 상당
부분을 구출했습니다

mais elle a rendu les ruraux dépendants des villes

그러나 그것은 시골에 있는 사람들을 도시에 의존하게
만들었다

et de même, elle a rendu les pays barbares dépendants des pays civilisés

마찬가지로 야만인 국가를 문명 국가에 의존하게 만들었습니다

nations paysannes sur nations bourgeoises, l'Orient sur Occident

부르주아지의 민족에 농민의 민족, 서구에 동양의 민족

La bourgeoisie se débarrasse de plus en plus de l'éparpillement de la population

부르주아 계급은 흩어진 인구 상태를 점점 더 없애고 있다

Il a une production agglomérée et a concentré la propriété entre quelques mains

그것은 집적된 생산을 가지고 있으며, 소수의 손에 재산을 집중시켰다

La conséquence nécessaire de cela a été la centralisation politique

이것의 필연적인 결과는 정치적 중앙집권화였다

Il y avait eu des nations indépendantes et des provinces vaguement reliées entre elles

독립된 국가들과 느슨하게 연결된 속주들이 있었다

Ils avaient des intérêts, des lois, des gouvernements et des systèmes d'imposition distincts

그들은 이해관계, 법률, 정부, 조세 제도가 분리되어 있었다

Mais ils ont été regroupés en une seule nation, avec un seul gouvernement

그러나 그들은 한 나라, 한 정부를 가진 나라로 뭉쳐졌다

Ils ont maintenant un intérêt de classe national, une frontière et un tarif douanier

그들은 이제 하나의 국가적 계급 이익, 하나의 국경 및 하나의 관세를 가지고 있다

Et cet intérêt de classe national est unifié sous un seul code de loi

그리고 이 민족적 계급-이해관계는 하나의 법전 아래 통합된다

la bourgeoisie a accompli beaucoup de choses au cours de son règne d'à peine cent ans

부르주아 계급은 100년이라는 희소한 통치 기간 동안 많은 것을 성취했다

forces productives plus massives et plus colossales que toutes les générations précédentes réunies

이전의 모든 세대를 합친 것보다 더 거대하고 거대한 생산력

Les forces de la nature sont soumises à la volonté de l'homme et de ses machines

자연의 힘은 인간과 기계의 의지에 예속되어 있다

La chimie s'applique à toutes les formes d'industrie et à tous les types d'agriculture

화학은 모든 형태의 산업과 농업 유형에 적용됩니다

la navigation à vapeur, les chemins de fer, les télégraphes électriques et l'imprimerie

증기 항법, 철도, 전기 전신, 인쇄기

défrichement de continents entiers pour la culture, canalisation des rivières

경작을 위한 대륙 전체의 개간, 강의 운하화

Des populations entières ont été extirpées du sol et mises au travail

모든 인구가 땅에서 소환되어 일하게 되었습니다

Quel siècle précédent avait ne serait-ce qu'un pressentiment de ce qui pourrait être déchaîné ?

이전 세기의 어느 때에 어떤 일이 일어날 수 있다는 예감이 있었는가?

Qui aurait prédit que de telles forces productives sommeillaient dans le giron du travail social ?

그러한 생산력이 사회노동의 무릎 위에서 잠자고 있으리라고 누가 예측했는가?

Nous voyons donc que les moyens de production et d'échange ont été générés dans la société féodale

그렇다면 우리는 생산수단과 교환수단이 봉건사회에서 생성되었음을 알 수 있다

les moyens de production sur la base desquels la bourgeoisie s'est construite

부르주아지가 스스로를 건설한 생산수단

À un certain stade du développement de ces moyens de production et d'échange

이러한 생산수단과 교환수단의 발전의 특정 단계에서

les conditions dans lesquelles la société féodale produisait et échangeait

봉건 사회가 생산하고 교환하는 조건

L'organisation féodale de l'agriculture et de l'industrie manufacturière

농업 및 제조업의 봉건 조직

Les rapports féodaux de propriété n'étaient plus compatibles avec les conditions matérielles

재산의 봉건적 관계는 더 이상 물질적 조건과 양립할 수 없었다

Ils devaient être brisés, alors ils ont été brisés

그것들은 산산조각이 나야 했고, 그래서 그들은 산산조각이 났다

À leur place s'est ajoutée la libre concurrence des forces productives

그 자리에는 생산력과의 자유로운 경쟁이 들어섰다

et ils étaient accompagnés d'une constitution sociale et politique adaptée à celle-ci

그리고 그들은 그것에 적합한 사회적, 정치적 헌법을 동반했다

et elle s'accompagnait de l'emprise économique et politique de la classe bourgeoise

그리고 그것은 부르주아 계급의 경제적, 정치적 영향력을 동반했다

Un mouvement similaire est en train de se produire sous nos yeux

이와 비슷한 움직임이 우리 눈앞에서 벌어지고 있습니다

La société bourgeoise moderne avec ses rapports de production, d'échange et de propriété

현대 부르주아 사회와 생산관계, 교환관계, 소유관계

une société qui a inventé des moyens de production et d'échange aussi gigantesques

그토록 거대한 생산수단과 교환수단을 만들어낸 사회

C'est comme le sorcier qui a invoqué les puissances de l'au-delà

마치 지하 세계의 힘을 불러낸 마법사와 같다

Mais il n'est plus capable de contrôler ce qu'il a mis au monde

그러나 그는 더 이상 자신이 세상에 가져온 것을 통제할 수 없다

Pendant de nombreuses décennies, l'histoire a été liée par un fil conducteur

10년 동안 과거의 역사는 공통점으로 묶여 있었다

L'histoire de l'industrie et du commerce n'a été que l'histoire des révoltes

산업과 상업의 역사는 반란의 역사에 지나지 않았다

Les révoltes des forces productives modernes contre les conditions modernes de production

근대적 생산조건에 대항하는 근대적 생산력의 반란

Les révoltes des forces productives modernes contre les rapports de propriété

소유 관계에 대한 현대 생산력의 반란

ces rapports de propriété sont les conditions de l'existence de la bourgeoisie

이러한 소유관계는 부르주아지의 존재를 위한 조건들이다

et l'existence de la bourgeoisie détermine les règles des rapports de propriété

그리고 부르주아지의 존재는 소유 관계의 규칙을 결정한다

Il suffit de mentionner le retour périodique des crises commerciales

상업 위기의 주기적인 귀환을 언급하는 것으로 충분합니다

chaque crise commerciale est plus menaçante pour la société bourgeoise que la précédente

각각의 상업 위기는 지난번보다 부르주아 사회에 더
위협적이다

Dans ces crises, une grande partie des produits existants sont détruits
이러한 위기 상황에서는 기존 제품의 상당 부분이
파괴됩니다

Mais ces crises détruisent aussi les forces productives créées précédemment
그러나 이러한 위기는 또한 이전에 창출된 생산력을
파괴한다

Dans toutes les époques antérieures, ces épidémies auraient semblé une absurdité
이전의 모든 신(新)시대들에서, 이 전염병들은
터무니없는 것으로 보였을 것이다

parce que ces épidémies sont les crises commerciales de la surproduction
이러한 전염병은 과잉 생산의 상업적 위기이기
때문입니다

La société se trouve soudain remise dans un état de barbarie momentanée
사회는 갑자기 일시적인 야만의 상태로 되돌아가게 된다

comme si une guerre universelle de dévastation avait coupé tous les moyens de subsistance
마치 전 세계적인 황폐 전쟁이 모든 생존 수단을 차단해
버린 것처럼 말이다

l'industrie et le commerce semblent avoir été détruits ; Et pourquoi ?
산업과 상업은 파괴된 것처럼 보인다. 그리고 그 이유는
무엇인가?

Parce qu'il y a trop de civilisation et de moyens de subsistance
문명과 생계 수단이 너무 많기 때문입니다

et parce qu'il y a trop d'industrie et trop de commerce
산업이 너무 많고 상업이 너무 많기 때문입니다

Les forces productives à la disposition de la société ne développent plus la propriété bourgeoise

사회를 마음대로 처분할 수 있는 생산력은 더 이상 부르주아지의 소유를 발전시키지 않는다

au contraire, ils sont devenus trop puissants pour ces conditions, par lesquelles ils sont enchaînés

그와는 반대로, 그들은 이러한 조건들에 대해 너무 강력해졌고, 그로 인해 족쇄를 채웠다

dès qu'ils surmontent ces entraves, ils mettent le désordre dans toute la société bourgeoise

그들이 이러한 족쇄를 극복하자마자, 그들은 부르주아 사회 전체에 무질서를 가져온다

et les forces productives mettent en danger l'existence de la propriété bourgeoise

그리고 생산력은 부르주아지 소유의 존재를 위태롭게 한다

Les conditions de la société bourgeoise sont trop étroites pour englober les richesses qu'elles créent

부르주아 사회의 조건들은 부르주아 사회가 창출한 부를 구성하기에는 너무 협소하다

Et comment la bourgeoisie surmonte-t-elle ces crises ?

그리고 부르주아지는 이러한 위기들을 어떻게 극복하는가?

D'une part, elle surmonte ces crises par la destruction forcée d'une masse de forces productives

한편으로는, 생산력 다수의 강제적 파괴를 통해 이러한 위기를 극복한다

D'autre part, elle surmonte ces crises par la conquête de nouveaux marchés

다른 한편으로는, 새로운 시장을 정복함으로써 이러한 위기를 극복한다

et elle surmonte ces crises par l'exploitation plus poussée des anciennes forces productives

그리고 낡은 생산력을 더욱 철저하게 이용함으로써 이러한 위기를 극복한다

C'est-à-dire en ouvrant la voie à des crises plus étendues et plus destructrices

다시 말해, 더 광범위하고 더 파괴적인 위기를 위한 길을 닦음으로써 말이다

elle surmonte la crise en diminuant les moyens de prévention des crises

위기를 예방할 수 있는 수단을 줄임으로써 위기를 극복한다

Les armes avec lesquelles la bourgeoisie a abattu le féodalisme sont maintenant retournées contre elle-même

부르주아지가 봉건제를 무너뜨렸던 무기들은 이제 스스로를 향하고 있다

Mais non seulement la bourgeoisie a-t-elle forgé les armes qui lui apportent la mort

그러나 부르주아지가 죽음을 자초하는 무기만 벼려낸 것은 아니다

Il a également appelé à l'existence les hommes qui doivent manier ces armes

그것은 또한 그러한 무기를 휘두를 사람들을 불러 모았습니다

Et ces hommes sont la classe ouvrière moderne ; Ce sont les prolétaires

그리고 이 사람들은 현대의 노동계급이다. 그들은 프롤레타리아이다

À mesure que la bourgeoisie se développe, le prolétariat se développe dans la même proportion

부르주아지가 발전하는 것과 비례하여, 프롤레타리아트가 발전하는 것과 같은 비율로 발전한다

La classe ouvrière moderne a développé une classe d'ouvriers

근대 노동계급은 노동자 계급을 발전시켰다

Cette classe d'ouvriers ne vit que tant qu'elle trouve du travail

이 노동자 계급은 일자리를 찾을 때까지만 산다

et ils ne trouvent de travail qu'aussi longtemps que leur travail augmente le capital

그리고 그들은 그들의 노동이 자본을 증가시키는
한에서만 일자리를 찾는다

**Ces ouvriers, qui doivent se vendre à la pièce, sont une
marchandise**

단편적으로 자신을 팔아야 하는 이 노동자들은 상품이다

**Ces ouvriers sont comme tous les autres articles de
commerce**

이 노동자들은 다른 모든 상업 품목과 같다

**et, par conséquent, ils sont exposés à toutes les vicissitudes
de la concurrence**

그리고 결과적으로 그들은 경쟁의 모든 변덕에 노출된다

Ils doivent faire face à toutes les fluctuations du marché

그들은 시장의 모든 변동을 견뎌야 합니다

**En raison de l'utilisation intensive des machines et de la
division du travail**

기계의 광범위한 사용과 분업으로 인해

Le travail des prolétaires a perdu tout caractère individuel

프롤레타리아의 활동은 모든 개인적 성격을 상실했다

**et, par conséquent, le travail des prolétaires a perdu tout
charme pour l'ouvrier**

그 결과, 프롤레타리아트의 노동은 노동자에게 모든
매력을 잃었다

**Il devient un appendice de la machine, plutôt que l'homme
qu'il était autrefois**

그는 예전의 인간이 아니라 기계의 부속물이 된다

**On n'exige de lui que l'habileté la plus simple, la plus
monotone et la plus facile à acquérir**

가장 단순하고, 단조롭고, 가장 쉽게 습득할 수 있는
요령만이 그에게는 요구된다

Par conséquent, le coût de production d'un ouvrier est limité

따라서 노동자의 생산 비용이 제한됩니다

**elle se limite presque entièrement aux moyens de
subsistance dont il a besoin pour son entretien**

그것은 거의 전적으로 그가 자신의 유지를 위해 필요로
하는 생계 수단으로 제한되어 있다

et elle est limitée aux moyens de subsistance dont il a besoin pour la propagation de sa race

그리고 그것은 그가 자기 종족의 번식을 위하여 필요로 하는 생계 수단으로 제한된다

Mais le prix d'une marchandise, et par conséquent aussi du travail, est égal à son coût de production

그러나 상품의 가격, 따라서 노동의 가격은 생산비와 동일하다

C'est pourquoi, à mesure que le travail répugnant augmente, le salaire diminue

그러므로 그에 비례하여 노동의 혐오감이 증가함에 따라 임금은 감소한다

Bien plus, le caractère répugnant de son travail augmente à un rythme encore plus grand

아니, 그의 작품의 혐오감은 훨씬 더 빠른 속도로 증가한다

À mesure que l'utilisation des machines et la division du travail augmentent, le fardeau du labeur augmente également

기계의 사용과 분업이 증가함에 따라, 노동의 부담도 증가한다

La charge de travail est augmentée par la prolongation du temps de travail

노동시간의 연장으로 노동의 부담이 가중된다

On attend plus de l'ouvrier dans le même temps qu'auparavant

이전과 같은 시간에 노동자에게 더 많은 것이 기대된다

Et bien sûr, le poids du labeur est augmenté par la vitesse de la machine

물론 고된 노동의 부담은 기계의 속도에 의해 증가합니다

L'industrie moderne a transformé le petit atelier du maître patriarcal en la grande usine du capitaliste industriel

현대 산업은 가부장적 주인의 작은 작업장을 산업 자본가의 거대한 공장으로 바꾸어 놓았다

Des masses d'ouvriers, entassés dans l'usine, s'organisent comme des soldats

공장에 몰려든 노동자 대중은 군인처럼 조직되어 있다

En tant que simples soldats de l'armée industrielle, ils sont placés sous le commandement d'une hiérarchie parfaite d'officiers et de sergents

산업 군대의 사병으로서 그들은 장교와 하사관으로 구성된 완전한 계층의 지휘 아래 배치됩니다

ils ne sont pas seulement les esclaves de la classe bourgeoise et de l'État

그들은 부르주아 계급과 국가의 노예들만이 아니다

Mais ils sont aussi asservis quotidiennement et d'heure en heure par la machine

그러나 그들은 또한 매일, 그리고 매시간 기계에 의해 노예가 된다

ils sont asservis par le surveillant, et surtout par le fabricant bourgeois lui-même

그들은 구경꾼에 의해, 그리고 무엇보다도, 개별 부르주아 제조업자 자신에 의해 노예가 된다

Plus ce despotisme proclame ouvertement que le gain est sa fin et son but, plus il est mesquin, plus haïssable et plus aigri

이 독재가 자신의 목적과 목적인 이득을 공공연하게 선포할수록, 그것은 더 하찮고, 더 증오스럽고, 더 비참하다

Plus l'industrie moderne se développe, moins les différences entre les sexes sont grandes

현대 산업이 발달하면 할수록, 남녀 간의 차이는 줄어들 것이다

Moins le travail manuel exige d'habileté et d'effort de force, plus le travail des hommes est supplanté par celui des femmes

육체 노동에 내포된 기술과 힘의 노력이 적으면 적을수록, 남자의 노동은 여자의 노동으로 대체된다

Les différences d'âge et de sexe n'ont plus de validité sociale distincte pour la classe ouvrière

나이와 성별의 차이는 더 이상 노동계급에게 어떤
뚜렷한 사회적 타당성도 갖지 못한다

Tous sont des instruments de travail, plus ou moins coûteux à utiliser, selon leur âge et leur sexe

모두 노동 도구이며, 나이와 성별에 따라 사용 비용이
다소 비쌉니다

dès que l'ouvrier reçoit son salaire en espèces, il est attaqué par les autres parties de la bourgeoisie

노동자가 자신의 임금을 현금으로 받자마자
부르주아지의 다른 부분들에 의해 압박을 받는다

le propriétaire, le commerçant, le prêteur sur gages, etc

집주인, 가게 주인, 전당포 등

Les couches inférieures de la classe moyenne ; les petits commerçants et les commerçants

중산층의 하층; 소상공인과 상점 주인

les commerçants retraités en général, et les artisans et les paysans

일반적으로 은퇴한 상인, 그리고 수공업자와 농민

tout cela s'enfonce peu à peu dans le prolétariat

이 모든 것은 점차적으로 프롤레타리아트 속으로
가라앉는다

en partie parce que leur petit capital ne suffit pas à l'échelle sur laquelle l'industrie moderne est exercée

부분적으로는 그들의 작은 자본이 현대 산업이 수행되는
규모에 충분하지 않기 때문이다

et parce qu'elle est submergée par la concurrence avec les grands capitalistes

그리고 그것은 거대 자본가들과의 경쟁에서 늪에 빠져
있기 때문이다

en partie parce que leur savoir-faire spécialisé est rendu sans valeur par les nouvelles méthodes de production

부분적으로는 그들의 전문화된 기술이 새로운 생산
방식에 의해 무가치하게 되기 때문이다

Ainsi le prolétariat se recrute dans toutes les classes de la population

그리하여 프롤레타리아트는 모든 계급의 사람들로부터
모집된다

Le prolétariat passe par différents stades de développement
프롤레타리아트는 다양한 발전 단계를 거친다

Avec sa naissance commence sa lutte contre la bourgeoisie
그것의 탄생과 함께 부르주아지와의 투쟁이 시작된다

**Dans un premier temps, la lutte est menée par des ouvriers
individuels**
처음에는 노동자 개개인이 투쟁을 벌인다

Ensuite, le concours est mené par les ouvriers d'une usine
그런 다음 경연은 공장의 노동자들에 의해 수행됩니다

**Ensuite, la lutte est menée par les agents d'un métier, dans
une localité**
그런 다음 경쟁은 한 지역에서 한 무역의 운영자에 의해
수행됩니다

**et la lutte est alors contre la bourgeoisie individuelle qui les
exploite directement**
그리고 그 경쟁은 그들을 직접 착취하는 개별
부르주아지에 대한 것이다

**Ils ne dirigent pas leurs attaques contre les conditions de
production de la bourgeoisie**
그들은 부르주아지의 생산조건에 대한 공격이 아니다

**mais ils dirigent leur attaque contre les instruments de
production eux-mêmes**
그러나 그들은 생산수단 자체에 대한 공격을 지시한다

**Ils détruisent les marchandises importées qui font
concurrence à leur main-d'œuvre**
그들은 그들의 노동과 경쟁하는 수입 제품을 파괴합니다

Ils brisent les machines et mettent le feu aux usines
그들은 기계를 산산조각내고 공장에 불을 질렀습니다

**ils cherchent à restaurer par la force le statut disparu de
l'ouvrier du Moyen Âge**
그들은 중세의 사라진 노동자의 지위를 무력으로
회복시키려 한다

**À ce stade, les ouvriers forment encore une masse
incohérente dispersée dans tout le pays**

이 단계에서 노동자들은 여전히 전국에 흩어져 있는 지리멸렬한 대중을 형성하고 있다

et ils sont brisés par leur concurrence mutuelle

그리고 그들은 상호 경쟁에 의해 흩어집니다

S'ils s'unissent quelque part pour former des corps plus compacts, ce n'est pas encore la conséquence de leur propre union active

어느 곳에서든지 그들이 연합하여 더 조밀한 몸을 형성한다면, 이것은 아직 그들 자신의 적극적인 연합의 결과가 아니다

mais c'est une conséquence de l'union de la bourgeoisie, d'atteindre ses propres fins politiques

그러나 그것은 부르주아지의 연합이 그 자신의 정치적 목적을 달성하기 위한 결과이다

la bourgeoisie est obligée de mettre en mouvement tout le prolétariat

부르주아지는 전체 프롤레타리아트를 움직이도록 강요받는다

et d'ailleurs, pour un temps, la bourgeoisie est capable de le faire

더욱이 당분간은 부르주아지가 그렇게 할 수 있다

À ce stade, les prolétaires ne combattent donc pas leurs ennemis

그러므로 이 단계에서 프롤레타리아는 적들과 싸우지 않는다

mais au lieu de cela, ils combattent les ennemis de leurs ennemis

오히려 그들은 적의 적과 싸우고 있습니다

La lutte contre les vestiges de la monarchie absolue et les propriétaires terriens

절대 군주제의 잔재와 지주와의 싸움

ils combattent la bourgeoisie non industrielle ; la petite bourgeoisie

그들은 비산업적 부르주아지와 싸운다. 쁘띠 부르주아

Ainsi tout le mouvement historique est concentré entre les mains de la bourgeoisie

그리하여 모든 역사적 운동은 부르주아지의 수중에
집중되어 있다

chaque victoire ainsi obtenue est une victoire pour la
bourgeoisie

그렇게 얻어진 모든 승리는 부르주아지의 승리이다

Mais avec le développement de l'industrie, le prolétariat ne
se contente pas d'augmenter en nombre

그러나 산업의 발전과 함께 프롤레타리아트의 수는
증가할 뿐만이 아니다

le prolétariat se concentre en masses plus grandes et sa force
s'accroît

프롤레타리아트는 더 많은 대중으로 집중되고 그 힘은
커진다

et le prolétariat ressent de plus en plus cette force

그리고 프롤레타리아트는 그 힘을 점점 더 느낀다

Les divers intérêts et conditions de vie dans les rangs du
prolétariat sont de plus en plus égalisés

프롤레타리아트 대열 내에서 다양한 이해관계와 삶의
조건들이 점점 더 평등해지고 있다

elles deviennent plus proportionnelles à mesure que les
machines effacent toutes les distinctions de travail

그것들은 기계가 노동의 모든 구별을 말살함에 따라
더욱 비례하게 된다

et les machines réduisent presque partout les salaires au
même bas niveau

그리고 거의 모든 곳에서 기계는 임금을 똑같이 낮은
수준으로 낮춘다

La concurrence croissante entre la bourgeoisie et les crises
commerciales qui en résultent rendent les salaires des
ouvriers de plus en plus fluctuants

부르주아지 계급 사이의 점증하는 경쟁과 그로 인한
상업 위기는 노동자들의 임금을 더욱 요동치게 만든다

L'amélioration incessante des machines, qui se développe de
plus en plus rapidement, rend leurs moyens d'existence de
plus en plus précaires

기계의 끊임없는 발전은 점점 더 급속히 발전하여
그들의 생계를 점점 더 불안정하게 만들고 있다
les collisions entre les ouvriers individuels et la bourgeoisie
individuelle prennent de plus en plus le caractère de
collisions entre deux classes
개별 노동자와 개별 부르주아지 사이의 충돌은 점점 더
두 계급 사이의 충돌의 성격을 띠고 있다
Là-dessus, les ouvriers commencent à former des
associations (syndicats) contre la bourgeoisie
그 후 노동자들은 부르주아지에 대항하는
조합(노동조합)을 형성하기 시작한다
Ils s'associent pour maintenir le taux des salaires
그들은 임금을 유지하기 위해 함께 뭉친다
Ils fondèrent des associations permanentes afin de pourvoir
à l'avance à ces révoltes occasionnelles
그들은 이따금씩 일어나는 반란에 대비하여 미리
준비하기 위하여 영구적인 관계적-연합들을 발견하였다
Ici et là, la lutte éclate en émeutes
여기저기서 다툼이 일어나 폭동이 일어난다
De temps en temps, les ouvriers sont victorieux, mais
seulement pour un temps
이따금 노동자들이 승리를 거두지만, 그것도 잠시뿐이다
Le vrai fruit de leurs luttes n'est pas dans le résultat
immédiat, mais dans l'union toujours plus grande des
travailleurs
투쟁의 진정한 결실은 즉각적인 결과가 아니라 계속
확대되는 노동자 노조에 있다
Cette union est favorisée par les moyens de communication
améliorés créés par l'industrie moderne
이 연합은 현대 산업이 만든 개선된 통신 수단의 도움을
받고 있습니다
La communication moderne met en contact les travailleurs
de différentes localités les uns avec les autres
현대의 통신은 서로 다른 지역의 근로자들이 서로
접촉할 수 있도록 합니다

C'était précisément ce contact qui était nécessaire pour centraliser les nombreuses luttes locales en une lutte nationale entre les classes

수많은 지역적 투쟁을 계급들 사이의 하나의 전국적 투쟁으로 집중시키는 데 필요했던 것은 바로 이 접촉이었다

Toutes ces luttes sont du même caractère, et toute lutte de classe est une lutte politique

이 모든 투쟁은 동일한 성격을 지니며, 모든 계급투쟁은 정치투쟁이다

les bourgeois du moyen âge, avec leurs misérables routes, mettaient des siècles à former leurs syndicats

비참한 고속도로를 가진 중세의 버거들은 그들의 연합을 형성하는 데 수세기가 걸렸습니다

Les prolétaires modernes, grâce aux chemins de fer, réalisent leurs syndicats en quelques années

현대의 프롤레타리아들은 철도 덕분에 몇 년 안에 노동조합을 쟁취한다

Cette organisation des prolétaires en classe les a donc formés en parti politique

프롤레타리아들을 하나의 계급으로 조직한 것은 결과적으로 프롤레타리아들을 하나의 정당으로 형성했다

La classe politique est continuellement bouleversée par la concurrence entre les travailleurs eux-mêmes

정치계급은 노동자들 자신들 사이의 경쟁에 의해 끊임없이 다시 동요되고 있다

Mais la classe politique continue de se soulever, plus forte, plus ferme, plus puissante

그러나 정치 계급은 더 강하고, 더 굳건하고, 더 강력하게 다시 일어선다

Elle oblige la législation à reconnaître les intérêts particuliers des travailleurs

노동자의 특수한 이해관계를 입법적으로 인정하도록 강제하는 것이다

il le fait en profitant des divisions au sein de la bourgeoisie elle-même

그것은 부르주아지 계급 자체의 분열을 이용함으로써 그렇게 한다

C'est ainsi qu'en Angleterre fut promulguée la loi sur les dix heures

그리하여 영국에서 10시간 노동법이 제정되었다

à bien des égards, les collisions entre les classes de l'ancienne société sont en outre le cours du développement du prolétariat

여러 면에서 낡은 사회의 계급들 사이의 충돌은 프롤레타리아트의 발전 과정이다

La bourgeoisie se trouve engagée dans une bataille de tous les instants

부르주아 계급은 끊임없는 전투에 휘말리고 있다

Dans un premier temps, il se trouvera impliqué dans une bataille constante avec l'aristocratie

처음에는 귀족과의 끊임없는 전투에 휘말리게 될 것입니다

plus tard, elle se trouvera engagée dans une lutte constante avec ces parties de la bourgeoisie elle-même

나중에는 부르주아지 계급 자체와 끊임없는 전투에 휘말리게 될 것이다

et leurs intérêts seront devenus antagonistes au progrès de l'industrie

그리고 그들의 이해관계는 산업의 진보에 적대적이 될 것이다

à tout moment, leurs intérêts seront devenus antagonistes avec la bourgeoisie des pays étrangers

언제나 그들의 이해관계는 외국의 부르주아지와 적대적이 될 것이다

Dans toutes ces batailles, elle se voit obligée de faire appel au prolétariat et lui demande son aide

이 모든 투쟁들에서 프롤레타리아트는
프롤레타리아트에게 호소할 수밖에 없음을 깨닫고,
프롤레타리아트의 도움을 요청한다

Et ainsi, il se sentira obligé de l'entraîner dans l'arène politique

따라서 정치 무대로 끌고 가야 한다고 느낄 것이다

C'est pourquoi la bourgeoisie elle-même fournit au prolétariat ses propres instruments d'éducation politique et générale

그러므로 부르주아지 자신은 프롤레타리아트에게 그
자신의 정치적, 일반적 교육 도구들을 제공한다

c'est-à-dire qu'il fournit au prolétariat des armes pour combattre la bourgeoisie

다른 말로 하자면, 그것은 프롤레타리아트에게
부르주아지와 싸우기 위한 무기를 제공한다

De plus, comme nous l'avons déjà vu, des sections entières des classes dominantes sont précipitées dans le prolétariat

더욱이, 우리가 이미 보았듯이, 지배계급의 전체
부문들은 프롤레타리아트로 침전된다

le progrès de l'industrie les aspire dans le prolétariat

산업의 진보는 그들을 프롤레타리아트 속으로
빨아들인다

ou, du moins, ils sont menacés dans leurs conditions d'existence

아니면, 적어도 그들의 생존 조건에서는 위협을 받고
있다

Ceux-ci fournissent également au prolétariat de nouveaux éléments d'illumination et de progrès

이것들은 또한 프롤레타리아트에게 계몽과 진보의
신선한 요소들을 제공한다

Enfin, à l'approche de l'heure décisive de la lutte des classes

마지막으로, 계급투쟁이 결정적인 순간에 가까워지는
시기에야

le processus de dissolution en cours au sein de la classe dirigeante

지배계급 내부에서 진행되고 있는 해체 과정

En fait, la dissolution en cours au sein de la classe dirigeante se fera sentir dans toute la société

사실, 지배계급 내부에서 진행되고 있는 해체는 사회 전 범위에서 느껴질 것이다

Il prendra un caractère si violent et si flagrant qu'une petite partie de la classe dirigeante se laissera aller à la dérive

그것은 너무나 폭력적이고 노골적인 성격을 띠게 될 것이며, 지배계급의 작은 부분이 스스로를 표류하게 할 것이다

et que la classe dirigeante rejoindra la classe révolutionnaire

그리고 그 지배계급은 혁명계급에 합류할 것이다

La classe révolutionnaire étant la classe qui tient l'avenir entre ses mains

혁명적 계급은 미래를 손에 쥐고 있는 계급이다

Comme à une époque antérieure, une partie de la noblesse passa dans la bourgeoisie

이전 시기와 마찬가지로 귀족의 일부가 부르주아지로 넘어갔다

de la même manière qu'une partie de la bourgeoisie passera au prolétariat

같은 방식으로 부르주아지의 일부가 프롤레타리아트로 넘어갈 것이다

en particulier, une partie de la bourgeoisie passera à une partie des idéologues de la bourgeoisie

특히, 부르주아지의 일부는 부르주아지 이데올로기의 일부에게 넘어갈 것이다

Des idéologues bourgeois qui se sont élevés au niveau de la compréhension théorique du mouvement historique dans son ensemble

부르주아지 이데올로기들은 스스로를 역사운동 전체를 이론적으로 이해하는 수준까지 끌어올렸다

De toutes les classes qui se trouvent aujourd'hui en face de la bourgeoisie, seule le prolétariat est une classe vraiment révolutionnaire

오늘날 부르주아지와 대면하고 있는 모든 계급들 중에서, 프롤레타리아트만이 진정으로 혁명적인 계급이다

Les autres classes se dégradent et finissent par disparaître devant l'industrie moderne

다른 계급들은 쇠퇴하고 마침내 현대 산업 앞에서 사라진다

le prolétariat est son produit spécial et essentiel

프롤레타리아트는 그것의 특별하고 본질적인 산물이다

La petite bourgeoisie, le petit industriel, le commerçant, l'artisan, le paysan

중산층, 소규모 제조업자, 상점 주인, 장인, 농민

toutes ces luttes contre la bourgeoisie

이 모든 것은 부르주아지에 맞서 싸운다

Ils se battent en tant que fractions de la classe moyenne pour se sauver de l'extinction

그들은 멸종으로부터 스스로를 구하기 위해 중산층의 일부로서 싸운다

Ils ne sont donc pas révolutionnaires, mais conservateurs

따라서 그들은 혁명적이지 않고 보수적이다

Bien plus, ils sont réactionnaires, car ils essaient de faire reculer la roue de l'histoire

더욱이, 그들은 역사의 수레바퀴를 굴리려 하기 때문에 반동적이다

Si par hasard ils sont révolutionnaires, ils ne le sont qu'en vue de leur transfert imminent dans le prolétariat

만약 우연히 그들이 혁명적이라면, 그들은 프롤레타리아트로의 임박한 이행을 고려할 때에만 혁명적이다

Ils défendent ainsi non pas leurs intérêts présents, mais leurs intérêts futurs

그리하여 그들은 그들의 현재를 옹호하는 것이 아니라 미래의 이익을 옹호한다

ils désertent leur propre point de vue pour se placer à celui du prolétariat

그들은 프롤레타리아트의 입장에 서기 위해 그들 자신의
입장을 버린다

La « classe dangereuse », la racaille sociale, cette masse en
décomposition passive rejetée par les couches les plus
basses de la vieille société

낡은 사회의 최하층이 내던져버린 수동적으로 썩어가는
덩어리인 '위험한 계급', 사회적 쓰레기

Ils peuvent, ici et là, être entraînés dans le mouvement par
une révolution prolétarienne

그들은 여기저기서 프롤레타리아 혁명에 의해 운동에
휩쓸릴 수 있다

Ses conditions de vie, cependant, le préparent beaucoup
plus au rôle d'instrument soudoyé de l'intrigue
réactionnaire

그러나 그것의 삶의 조건들은 그것을 반동적인 음모의
뇌물 도구로 삼을 수 있도록 훨씬 더 많이 준비시킨다

Dans les conditions du prolétariat, ceux de l'ancienne société
dans son ensemble sont déjà virtuellement submergés

프롤레타리아트의 조건에서, 낡은 사회 전반의 조건들은
이미 실질적으로 늪에 빠져 있다

Le prolétaire est sans propriété

프롤레타리아는 재산이 없다

ses rapports avec sa femme et ses enfants n'ont plus rien de
commun avec les relations familiales de la bourgeoisie

그의 아내와 자녀들과의 관계는 더 이상 부르주아지의
가족관계와 아무런 공통점도 없다

le travail industriel moderne, la sujétion moderne au capital,
la même en Angleterre qu'en France, en Amérique comme
en Allemagne

현대의 산업 노동, 자본에 대한 현대의 복종, 영국에서와
프랑스에서, 미국에서와 독일에서 동일

Sa condition dans la société l'a dépouillé de toute trace de
caractère national

그의 사회적 상황은 국민성의 모든 흔적을 앗아갔다

La loi, la morale, la religion, sont pour lui autant de préjugés
bourgeois

그에게 법, 도덕, 종교는 너무나 많은 부르주아지의
편견이다

et derrière ces préjugés se cachent en embuscade autant
d'intérêts bourgeois

그리고 이러한 편견 뒤에는 많은 부르주아지의
이해관계가 매복해 있다

Toutes les classes précédentes, qui ont pris le dessus, ont
cherché à fortifier leur statut déjà acquis

우위를 점한 모든 이전 계급은 이미 획득한 지위를
강화하려고 노력했습니다

Ils l'ont fait en soumettant la société dans son ensemble à
leurs conditions d'appropriation

그들은 사회 전반을 그들의 전유 조건에 종속시킴으로써
그렇게 하였다

Les prolétaires ne peuvent pas devenir maîtres des forces
productives de la société

프롤레타리아는 사회의 생산력의 주인이 될 수 없다

elle ne peut le faire qu'en abolissant son propre mode
d'appropriation antérieur

그것은 그들 자신의 이전 전유 방식을 폐지함으로써만
그렇게 할 수 있다

et par là même elle abolit tout autre mode d'appropriation
antérieur

그리하여 그것은 또한 이전의 다른 모든 전유 방식을
폐지한다

Ils n'ont rien à eux pour s'assurer et se fortifier

그들은 확보하고 강화할 수 있는 것이 아무것도
없습니다

Leur mission est de détruire toutes les sûretés antérieures et
les assurances de biens individuels

그들의 임무는 개인 재산에 대한 이전의 모든 증권과
보험을 파괴하는 것입니다

Tous les mouvements historiques antérieurs étaient des
mouvements de minorités

이전의 모든 역사적 운동은 소수 민족의 운동이었다

ou bien il s'agissait de mouvements dans l'intérêt des minorités

또는 소수 집단의 이익을 위한 운동이었다

Le mouvement prolétarien est le mouvement conscient et indépendant de l'immense majorité

프롤레타리아 운동은 절대다수의 자의식적이고 독립적인 운동이다

Et c'est un mouvement dans l'intérêt de l'immense majorité

그리고 그것은 절대다수의 이익을 위한 운동이다

Le prolétariat, couche la plus basse de notre société actuelle

프롤레타리아트, 현 사회의 최하층

elle ne peut ni s'agiter ni s'élever sans que toutes les couches supérieures de la société officielle ne soient soulevées en l'air

그것은 공식 사회의 모든 초월적 계층이 공중으로 튀어나오지 않고는 스스로를 휘젓거나 일으켜 세울 수 없다

Loin d'être dans le fond, mais dans la forme, la lutte du prolétariat contre la bourgeoisie est d'abord une lutte nationale

비록 실질적으로는 아니지만, 형식적으로는 부르주아지와 프롤레타리아트의 투쟁은 처음에는 민족적 투쟁이다

Le prolétariat de chaque pays doit, bien entendu, régler d'abord ses affaires avec sa propre bourgeoisie

물론 각 나라의 프롤레타리아트는 무엇보다도 먼저 자신의 부르주아지와 문제를 해결해야 한다

En décrivant les phases les plus générales du développement du prolétariat, nous avons retracé la guerre civile plus ou moins voilée

프롤레타리아트 발전의 가장 일반적인 국면들을 묘사하면서, 우리는 다소 베일에 싸인 내전을 추적했다

Ce civil fait rage au sein de la société existante

이 시민은 기존 사회에서 맹위를 떨치고 있습니다

Elle fera rage jusqu'au point où cette guerre éclatera en révolution ouverte

그것은 그 전쟁이 공개적인 혁명으로 발발하는 지점까지 맹위를 떨칠 것이다

et alors le renversement violent de la bourgeoisie jette les bases de l'emprise du prolétariat

그리고 부르주아지의 폭력적인 전복은 프롤레타리아트의 지배를 위한 토대를 마련한다

Jusqu'à présent, toute forme de société a été fondée, comme nous l'avons déjà vu, sur l'antagonisme des classes oppressives et opprimées

지금까지 사회의 모든 형태는 우리가 이미 살펴본 바와 같이 억압받는 계급과 억압받는 계급의 적대감에 기초해 왔다

Mais pour opprimer une classe, il faut lui assurer certaines conditions

그러나 한 계급을 억압하기 위해서는 그 계급에게 특정한 조건들이 보장되어야 한다

La classe doit être maintenue dans des conditions dans lesquelles elle peut, au moins, continuer son existence servile

계급은 적어도 노예적 존재를 계속할 수 있는 조건 아래 유지되어야 한다

Le serf, à l'époque du servage, s'élevait lui-même au rang d'adhérent à la commune

농노 시대에 농노는 자신을 코뮌의 회원으로 키웠다

de même que la petite bourgeoisie, sous le joug de l'absolutisme féodal, a réussi à se développer en bourgeoisie

소부르주아지가 봉건적 절대주의의 멍에를 짊어지고 부르주아지로 발전할 수 있었던 것처럼 말이다

L'ouvrier moderne, au contraire, au lieu de s'élever avec les progrès de l'industrie, s'enfonce de plus en plus profondément

반대로 현대의 노동자는 산업의 진보와 함께 상승하는 대신 점점 더 깊이 가라앉는다

il s'enfonce au-dessous des conditions d'existence de sa propre classe

그는 자기 계급의 존재 조건 아래로 가라앉는다

Il devient pauvre, et le paupérisme se développe plus rapidement que la population et la richesse

그는 빈민이 되고, 빈민은 인구와 부보다 더 빨리 발전한다

Et c'est là qu'il devient évident que la bourgeoisie n'est plus apte à être la classe dominante dans la société

그리고 여기서 부르주아지가 더 이상 사회의 지배계급이 되기에 부적합하다는 것이 명백해진다

et elle n'est pas digne d'imposer ses conditions d'existence à la société comme une loi prépondérante

그리고 그 존재 조건을 사회에 우선적인 법으로 강요하는 것은 부적절하다

Il est inapte à gouverner parce qu'il est incompétent pour assurer une existence à son esclave dans son esclavage

그것은 자신의 노예 안에서 노예의 존재를 보장하는 것이 무능하기 때문에 통치하기에 적합하지 않다

parce qu'il ne peut s'empêcher de le laisser sombrer dans un tel état, qu'il doit le nourrir, au lieu d'être nourri par lui

왜냐하면, 그것은 그가 그런 상태에 빠지도록 내버려 두지 않을 수 없기 때문에, 그에게 먹이를 주는 대신 그를 먹여야 하기 때문이다

La société ne peut plus vivre sous cette bourgeoisie

사회는 더 이상 이 부르주아 계급 아래서 살 수 없다

En d'autres termes, son existence n'est plus compatible avec la société

즉, 그 존재는 더 이상 사회와 양립할 수 없다

La condition essentielle de l'existence et de l'influence de la classe bourgeoise est la formation et l'accroissement du capital

부르주아지 계급의 존재와 지배를 위한 필수 조건은 자본의 형성과 증강이다

La condition du capital, c'est le salariat-travail

자본의 조건은 임금노동이다

Le travail salarié repose exclusivement sur la concurrence entre les travailleurs

임금 노동은 전적으로 노동자들 사이의 경쟁에 의존한다

Le progrès de l'industrie, dont le promoteur involontaire est la bourgeoisie, remplace l'isolement des ouvriers

부르주아지가 비자발적으로 촉진하는 산업의 발전은 노동자들의 고립을 대체한다

en raison de la concurrence, en raison de leur combinaison révolutionnaire, en raison de l'association

경쟁으로 인해, 그들의 혁명적인 조합으로 인해, 협회로 인해,

Le développement de l'industrie moderne lui coupe sous les pieds les fondements mêmes sur lesquels la bourgeoisie produit et s'approprie les produits

근대 산업의 발전은 부르주아지가 생산물을 생산하고 전유하는 바로 그 토대를 그 발밑에서 잘라낸다

Ce que la bourgeoisie produit avant tout, ce sont ses propres fossoyeurs

부르주아지가 생산하는 것은 무엇보다도 그 자신의 무덤을 파는 사람들이다

La chute de la bourgeoisie et la victoire du prolétariat sont également inévitables

부르주아지의 몰락과 프롤레타리아트의 승리는 똑같이 필연적이다

Prolétaires et communistes
프롤레타리아와 공산주의자

Quel est le rapport des communistes vis-à-vis de l'ensemble des prolétaires ?
공산주의자들은 프롤레타리아 전체와 어떤 관계를 맺고 있는가?

Les communistes ne forment pas un parti séparé opposé aux autres partis de la classe ouvrière
공산주의자들은 다른 노동계급 정당들에 대항하는 별도의 정당을 형성하지 않는다

Ils n'ont pas d'intérêts séparés de ceux du prolétariat dans son ensemble
그들은 프롤레타리아트 전체의 이해관계와 분리되거나 동떨어진 이해관계를 갖지 않는다

Ils n'établissent pas de principes sectaires qui leur soient propres pour façonner et modeler le mouvement prolétarien
그들은 프롤레타리아 운동을 형성하고 틀 잡기 위해 그들 자신의 어떤 종파적 원칙도 세우지 않는다

Les communistes ne se distinguent des autres partis ouvriers que par deux choses
공산주의자들이 다른 노동계급 정당들과 구별되는 점은 오직 두 가지뿐이다

Premièrement, ils signalent et mettent en avant les intérêts communs de l'ensemble du prolétariat, indépendamment de toute nationalité
첫째, 그들은 모든 국적에 관계없이 전체 프롤레타리아트의 공통된 이해관계를 지적하고 전면에 내세운다

C'est ce qu'ils font dans les luttes nationales des prolétaires des différents pays
그들은 다른 나라들의 프롤레타리아들의 민족적 투쟁에서 이것을 한다

Deuxièmement, ils représentent toujours et partout les intérêts du mouvement dans son ensemble

둘째, 그들은 언제 어디서나 운동 전체의 이익을
대변한다

c'est ce qu'ils font dans les différents stades de
développement par lesquels doit passer la lutte de la classe
ouvrière contre la bourgeoisie

그들은 부르주아지에 대항하는 노동계급의 투쟁이
거쳐야 하는 다양한 발전 단계들에서 이것을 한다

Les communistes sont donc, d'une part, pratiquement, la
section la plus avancée et la plus résolue des partis ouvriers
de tous les pays

그러므로 공산주의자들은 한편으로는 실천적으로 모든
나라의 노동계급 정당들 중에서 가장 진보적이고 단호한
분파이다

Ils sont cette section de la classe ouvrière qui pousse en
avant toutes les autres

그들은 다른 모든 것을 앞으로 나아가게 하는
노동계급의 한 부분이다

Théoriquement, ils ont aussi l'avantage de bien comprendre
la ligne de marche

이론적으로도 행진의 노선을 명확하게 이해할 수 있는
장점이 있다

C'est ce qu'ils comprennent mieux par rapport à la grande
masse du prolétariat

그들은 이것을 프롤레타리아트의 거대한 대중과 비교해
볼 때 더 잘 이해한다

Ils comprennent les conditions et les résultats généraux
ultimes du mouvement prolétarien

그들은 프롤레타리아 운동의 조건들과 궁극적 일반적
결과들을 이해한다

Le but immédiat du Parti communiste est le même que celui
de tous les autres partis prolétariens

공산주의자의 당면한 목표는 다른 모든 프롤레타리아
정당들의 목표와 동일하다

Leur but est la formation du prolétariat en classe

그들의 목표는 프롤레타리아트를 하나의 계급으로
형성하는 것이다

ils visent à renverser la suprématie de la bourgeoisie
그들은 부르주아지 우월주의를 전복하는 것을 목표로
한다

la conquête du pouvoir politique par le prolétariat
프롤레타리아트의 정치권력 장악을 위한 투쟁

Les conclusions théoriques des communistes ne sont
nullement basées sur des idées ou des principes de
réformateurs
공산주의자들의 이론적 결론은 결코 개혁가들의
사상이나 원칙에 근거한 것이 아니다

ce ne sont pas des prétendus réformateurs universels qui ont
inventé ou découvert les conclusions théoriques des
communistes
공산주의자들의 이론적 결론을 발명하거나 발견한 것은
자칭 보편적 개혁가들이 아니었다

Ils ne font qu'exprimer, en termes généraux, des rapports
réels qui naissent d'une lutte de classe existante
그것들은 단지 일반적인 용어로 현존하는
계급투쟁으로부터 솟아나는 실제적 관계들을 표현할
뿐이다

Et ils décrivent le mouvement historique qui se déroule sous
nos yeux et qui a créé cette lutte des classes
그리고 그것들은 바로 이 계급투쟁을 만들어낸 바로
우리의 눈앞에서 진행되고 있는 역사적 운동을 묘사한다

L'abolition des rapports de propriété existants n'est pas du
tout un trait distinctif du communisme
현존하는 소유 관계의 폐지는 공산주의의 특징이 전혀
아니다

Dans le passé, toutes les relations de propriété ont été
continuellement sujettes à des changements historiques
과거의 모든 재산 관계는 끊임없이 역사적 변화를
겪어왔다

et ces changements ont été consécutifs au changement des conditions historiques

그리고 이러한 변화는 역사적 조건의 변화의 결과였다

La Révolution française, par exemple, a aboli la propriété féodale au profit de la propriété bourgeoise

예를 들어, 프랑스 혁명은 부르주아지 소유를 위해 봉건적 소유를 폐지했다

Le trait distinctif du communisme n'est pas l'abolition de la propriété, en général

공산주의의 두드러진 특징은 일반적으로 재산의 폐지가 아니다

mais le trait distinctif du communisme, c'est l'abolition de la propriété bourgeoise

그러나 공산주의의 두드러진 특징은 부르주아지 소유의 폐지이다

Mais la propriété privée de la bourgeoisie moderne est l'expression ultime et la plus complète du système de production et d'appropriation des produits

그러나 현대 부르주아지의 사적 소유는 생산물을 생산하고 전유하는 체계의 최종적이고 가장 완전한 표현이다

C'est l'état final d'un système basé sur les antagonismes de classe, où l'antagonisme de classe est l'exploitation du plus grand nombre par quelques-uns

그것은 계급 적대감에 기초한 체제의 최종 상태이며, 여기서 계급 적대는 소수에 의한 다수의 착취이다

En ce sens, la théorie des communistes peut se résumer en une seule phrase ; l'abolition de la propriété privée

이런 의미에서 공산주의자들의 이론은 한 문장으로 요약될 수 있다. 사유재산의 폐지

On nous a reproché, à nous communistes, de vouloir abolir le droit d'acquérir personnellement des biens

우리 공산주의자들은 개인적으로 재산을 취득할 수 있는 권리를 폐지하려는 욕망으로 비난을 받아 왔다

On prétend que cette propriété est le fruit du travail de l'homme

이 재산은 인간 자신의 노동의 결실이라고 주장됩니다
et cette propriété est censée être le fondement de toute liberté, de toute activité et de toute indépendance individuelles.
그리고 이 재산은 모든 개인의 자유, 활동 및 독립의 기초라고 주장됩니다.

« Propriété durement gagnée, auto-acquise, auto-gagnée ! »
"힘들게 얻고, 스스로 얻고, 스스로 얻은 재산!"

Voulez-vous dire la propriété du petit artisan et du petit paysan ?
하찮은 장인과 소작농의 재산을 말하는 것인가?

Voulez-vous parler d'une forme de propriété qui a précédé la forme bourgeoise ?
부르주아지 형태 이전의 소유 형태를 말하는 것인가?

Il n'est pas nécessaire de l'abolir, le développement de l'industrie l'a déjà détruit dans une large mesure
그것을 폐지할 필요는 없으며, 산업의 발전은 이미 상당 부분 그것을 파괴했습니다

et le développement de l'industrie continue de la détruire chaque jour
그리고 산업의 발전은 여전히 매일 그것을 파괴하고 있습니다

Ou voulez-vous parler de la propriété privée de la bourgeoisie moderne ?
아니면 현대 부르주아지의 사유재산을 말하는 것인가?

Mais le travail salarié crée-t-il une propriété pour l'ouvrier ?
그러나 임금노동이 노동자를 위한 어떤 재산을 창출하는가?

Non, le travail salarié ne crée pas une parcelle de ce genre de propriété !
아니, 임금 노동은 이런 종류의 재산을 조금도 창출하지 않는다!

Ce que le travail salarié crée, c'est du capital ; ce genre de propriété qui exploite le travail salarié

임금노동이 창출하는 것은 자본이다. 임금 노동을
착취하는 그런 종류의 소유

Le capital ne peut s'accroître qu'à la condition d'engendrer
une nouvelle offre de travail salarié pour une nouvelle
exploitation

자본은 새로운 착취를 위한 임금 노동의 새로운 공급을
낳는 조건을 제외하고는 증가할 수 없다

La propriété, dans sa forme actuelle, est fondée sur
l'antagonisme du capital et du salariat

현재의 형태에서 소유는 자본과 임금 노동의 적대관계에
기초하고 있다

Examinons les deux côtés de cet antagonisme

이 적대감의 양면을 모두 살펴보자

Être capitaliste, ce n'est pas seulement avoir un statut
purement personnel

자본가가 된다는 것은 순전히 개인적 지위를 갖는
것만이 아니다

Au contraire, être capitaliste, c'est aussi avoir un statut social
dans la production

오히려, 자본가가 된다는 것은 생산에서 사회적 지위를
갖는 것이기도 하다

parce que le capital est un produit collectif ; Ce n'est que par
l'action unie de nombreux membres qu'elle peut être mise
en branle

자본은 집합적 산물이기 때문이다. 많은 회원들의
연합된 행동에 의해서만 그것이 움직일 수 있다

Mais cette action unie n'est qu'un dernier recours, et
nécessite en fait tous les membres de la société

그러나 이 단합된 행동은 최후의 수단이며, 실제로 모든
사회 구성원을 필요로 한다

Le capital est converti en propriété de tous les membres de la
société

자본은 사회의 모든 구성원의 소유물로 전환된다

mais le Capital n'est donc pas une puissance personnelle ;
c'est un pouvoir social

그러나 그러므로 자본은 개인적 힘이 아니다. 그것은
사회적 권력이다

Ainsi, lorsque le capital est converti en propriété sociale, la propriété personnelle n'est pas pour autant transformée en propriété sociale

따라서 자본이 사회적 소유로 전환될 때, 개인 소유는
사회적 소유로 전환되지 않는다

Ce n'est que le caractère social de la propriété qui est modifié et qui perd son caractère de classe

단지 재산의 사회적 성격만이 변하고, 그 계급적 성격을
잃는다

Regardons maintenant le travail salarié

이제 임금 노동을 살펴보자

Le prix moyen du salariat est le salaire minimum, c'est-à-dire le quantum des moyens de subsistance

임금 노동의 평균 가격은 최저 임금, 즉 생존 수단의
양이다

Ce salaire est absolument nécessaire dans la simple existence d'un ouvrier

이 임금은 노동자로서 맨몸으로 살아가는 데 절대적으로
필요하다

Ce que le salarié s'approprie par son travail ne suffit donc qu'à prolonger et à reproduire une existence nue

그러므로 임금 노동자가 자신의 노동을 통해 전유하는
것은 단지 벌거벗은 존재를 연장하고 재생산하는 데
충분할 뿐이다

Nous n'avons nullement l'intention d'abolir cette appropriation personnelle des produits du travail

우리는 노동 생산물에 대한 이러한 개인적 전유를 결코
폐지할 생각이 없다

une appropriation qui est faite pour le maintien et la reproduction de la vie humaine

인간 생명의 유지와 재생산을 위한 세출

Une telle appropriation personnelle des produits du travail ne laisse pas de surplus pour commander le travail d'autrui

노동 생산물에 대한 그러한 개인적 전유는 다른
사람들의 노동을 명령할 수 있는 잉여를 남기지 않는다

**Tout ce que nous voulons supprimer, c'est le caractère
misérable de cette appropriation**

우리가 없애고 싶은 것은 이 전유의 비참한 성격뿐이다

**l'appropriation dont vit l'ouvrier dans le seul but
d'augmenter son capital**

노동자가 단지 자본을 늘리기 위해 살아가는 전유

**Il n'est autorisé à vivre que dans la mesure où l'intérêt de la
classe dominante l'exige**

인간은 지배계급의 이익이 요구하는 범위 내에서만 살
수 있다

**Dans la société bourgeoise, le travail vivant n'est qu'un
moyen d'augmenter le travail accumulé**

부르주아 사회에서 살아있는 노동은 축적된 노동을
늘리기 위한 수단에 불과하다

**Dans la société communiste, le travail accumulé n'est qu'un
moyen d'élargir, d'enrichir, de promouvoir l'existence de
l'ouvrier**

공산주의 사회에서 축적된 노동은 노동자의 존재를
확대하고, 풍요롭게 하고, 증진하기 위한 수단에
불과하다

**C'est pourquoi, dans la société bourgeoise, le passé domine
le présent**

그러므로 부르주아 사회에서는 과거가 현재를 지배한다

dans la société communiste, le présent domine le passé

공산주의 사회에서는 현재가 과거를 지배한다

**Dans la société bourgeoise, le capital est indépendant et a
une individualité**

부르주아 사회에서 자본은 독립적이며 개성을 갖는다

**Dans la société bourgeoise, la personne vivante est
dépendante et n'a pas d'individualité**

부르주아 사회에서 살아 있는 사람은 의존적이며 개성이
없다

**Et l'abolition de cet état de choses est appelée par la
bourgeoisie l'abolition de l'individualité et de la liberté !**

그리고 이러한 상태의 폐지는 부르주아지에 의해 개성과 자유의 폐지라고 불린다!

Et c'est à juste titre qu'on l'appelle l'abolition de l'individualité et de la liberté !

그리고 그것은 개성과 자유의 폐지라고 부르는 것이 옳다!

Le communisme vise à l'abolition de l'individualité bourgeoise

공산주외는 부르주아지 개인성의 폐지를 목표로 한다

Le communisme veut l'abolition de l'indépendance de la bourgeoisie

공산주의는 부르주아 독립의 폐지를 지향한다

La liberté de la bourgeoisie est sans aucun doute ce que vise le communisme

부르주아지의 자유는 의심할 여지 없이 공산주의가 목표로 삼고 있는 것이다

dans les conditions actuelles de production de la bourgeoisie, la liberté signifie le libre-échange, la liberté de vendre et d'acheter

현재의 부르주아지 생산조건 하에서 자유는 자유무역, 자유로운 판매와 구매를 의미한다

Mais si la vente et l'achat disparaissent, la vente et l'achat gratuits disparaissent également

그러나 팔고 사는 것이 사라지면 자유로운 팔고 사는 것도 사라진다

Les « paroles courageuses » de la bourgeoisie sur la vente et l'achat libres n'ont qu'un sens limité

자유로운 판매와 구매에 대한 부르주아지의 "용감한 말"은 제한된 의미에서만 의미를 갖는다

Ces mots n'ont de sens que par opposition à la vente et à l'achat restreints

이 단어들은 제한된 판매 및 구매와 대조되는 의미를 갖습니다

et ces mots n'ont de sens que lorsqu'ils s'appliquent aux marchands enchaînés du moyen âge

그리고 이 단어들은 중세의 속박된 상인들에게 적용될
때에만 의미가 있다

et cela suppose que ces mots aient même un sens dans un
sens bourgeois

그리고 그것은 이 단어들이 부르주아적 의미에서도
의미를 갖는다고 가정한다

mais ces mots n'ont aucun sens lorsqu'ils sont utilisés pour
s'opposer à l'abolition communiste de l'achat et de la vente

그러나 이 단어들이 공산주의의 사고 파는 폐지에
반대하기 위해 사용될 때는 아무런 의미가 없다

les mots n'ont pas de sens lorsqu'ils sont utilisés pour
s'opposer à l'abolition des conditions de production de la
bourgeoisie

그 단어들은 폐지되는 부르주아지의 생산조건에
반대하기 위해 사용될 때 아무런 의미를 갖지 못한다

et ils n'ont aucun sens lorsqu'ils sont utilisés pour s'opposer
à l'abolition de la bourgeoisie elle-même

그리고 그것들이 부르주아지 계급 자체가 폐지되는 것에
반대하는 데 사용될 때 그것들은 아무런 의미가 없다

Vous êtes horrifiés par notre intention d'en finir avec la
propriété privée

당신은 사유 재산을 없애려는 우리의 의도에 경악하고
있습니다

Mais dans votre société actuelle, la propriété privée est déjà
abolie pour les neuf dixièmes de la population

그러나 현존하는 사회에서는 인구의 10분의 9에
해당하는 사유재산이 이미 폐지되었다

L'existence d'une propriété privée pour quelques-uns est
uniquement due à sa non-existence entre les mains des neuf
dixièmes de la population

소수를 위한 사유재산의 존재는 오로지 인구의 10분의
9의 수중에 사유재산이 존재하지 않기 때문이다

Vous nous reprochez donc d'avoir l'intention de supprimer
une forme de propriété

그러므로 당신은 재산의 형태를 없애려는 의도로 우리를 비난합니다

Mais la propriété privée nécessite l'inexistence de toute propriété pour l'immense majorité de la société

그러나 사유 재산은 사회의 대다수를 위해 어떤 재산도 존재하지 않는 것을 필요로 한다

En un mot, vous nous reprochez d'avoir l'intention de vous débarrasser de vos biens

한마디로 말하자면, 당신들은 당신들의 재산을 없애려고 우리를 비난합니다

Et c'est précisément le cas ; se débarrasser de votre propriété est exactement ce que nous avons l'intention de faire

그리고 그것은 정확히 그렇다. 귀하의 재산을 없애는 것은 우리가 의도하는 것입니다

À partir du moment où le travail ne peut plus être converti en capital, en argent ou en rente

노동이 더 이상 자본, 화폐, 지대 등으로 전환될 수 없는 순간부터

quand le travail ne peut plus être converti en un pouvoir social monopolisé

노동이 더 이상 독점할 수 있는 사회적 권력으로 전환될 수 없을 때

à partir du moment où la propriété individuelle ne peut plus être transformée en propriété bourgeoise

개인의 소유가 더 이상 부르주아지의 소유로 변형될 수 없는 순간부터

à partir du moment où la propriété individuelle ne peut plus être transformée en capital

개인의 소유가 더 이상 자본으로 전환될 수 없는 순간부터

À partir de ce moment-là, vous dites que l'individualité s'évanouit

그 순간부터 개성이 사라진다고 하잖아요

Vous devez donc avouer que par « individu » vous n'entendez personne d'autre que la bourgeoisie

그러므로 당신은 "개인"이라는 말이 부르주아지 이외의
다른 사람을 의미하지 않는다는 것을 고백해야 한다

**Vous devez avouer qu'il s'agit spécifiquement du
propriétaire de la classe moyenne**

구체적으로 중산층의 재산 소유자를 지칭한다는 것을
고백해야 합니다

**Cette personne doit, en effet, être balayée et rendue
impossible**

이 사람은 반드시 길에서 쓸려나가야 하며, 불가능하게
만들어야 한다

**Le communisme ne prive personne du pouvoir de
s'approprier les produits de la société**

공산주의는 사회의 생산물을 전유할 수 있는 힘을 어느
누구에게도 빼앗지 않는다

**tout ce que fait le communisme, c'est de le priver du pouvoir
de subjuguer le travail d'autrui au moyen d'une telle
appropriation**

공산주의가 하는 모든 것은 그러한 전유를 통해 다른
사람들의 노동을 예속시킬 수 있는 권력을
공산주의에게서 박탈하는 것이다

**On a objecté qu'avec l'abolition de la propriété privée, tout
travail cesserait**

사유 재산이 폐지되면 모든 사업이 중단될 것이라는
주장이 제기되어 왔다

**et il est alors suggéré que la paresse universelle nous
rattrapera**

그리고 보편적인 게으름이 우리를 따라잡을 것이라고
제안됩니다

**D'après cela, il y a longtemps que la société bourgeoise
aurait dû aller aux chiens par pure oisiveté**

이에 따르면, 부르주아 사회는 진작에 순전히 게으름을
통해 개들에게 갔어야 했다

**parce que ceux de ses membres qui travaillent, n'acquièrent
rien**

그 지체들 중에서 일하는 자들은 아무것도 얻지 못하기 때문이다
et ceux de ses membres qui acquièrent quoi que ce soit, ne travaillent pas
그리고 그 구성원 중 무엇이든 얻은 사람들은 일하지 않습니다
L'ensemble de cette objection n'est qu'une autre expression de la tautologie
이 반론의 전부는 동어반복의 또 다른 표현일 뿐이다
Il ne peut plus y avoir de travail salarié quand il n'y a plus de capital
더 이상 자본이 없을 때 더 이상 임금 노동이 있을 수 없다
Il n'y a pas de différence entre les produits matériels et les produits mentaux
물질적 산물과 정신적 산물 사이에는 차이가 없습니다
Le communisme propose que les deux soient produits de la même manière
공산주의는 이 두 가지가 같은 방식으로 생산된다고 주장한다
mais les objections contre les modes communistes de production sont les mêmes
그러나 공산주의적 생산 방식에 대한 반대는 동일하다
pour la bourgeoisie, la disparition de la propriété de classe est la disparition de la production elle-même
부르주아지에게 계급 소유의 소멸은 생산 자체의 소멸이다
Ainsi, la disparition de la culture de classe est pour lui identique à la disparition de toute culture
그래서 그에게 계급 문화의 소멸은 모든 문화의 소멸과 동일하다
Cette culture, dont il déplore la perte, n'est pour l'immense majorité qu'un simple entraînement à agir comme une machine

그가 한탄하는 그 문화는 대다수에게 기계처럼 행동하기 위한 훈련에 불과하다

Les communistes ont bien l'intention d'abolir la culture de la propriété bourgeoise

공산주의자들은 부르주아지 소유의 문화를 폐지할 것을 매우 의도한다

Mais ne vous querellez pas avec nous tant que vous appliquez les normes de vos notions bourgeoises de liberté, de culture, de droit, etc

그러나 자유, 문화, 법 등에 대한 부르주아지 개념의 기준을 적용하는 한 우리와 논쟁하지 마십시오

Vos idées mêmes ne sont que le résultat des conditions de votre production bourgeoise et de la propriété bourgeoise

당신들의 생각 자체는 당신들의 부르주아지 생산조건과 부르주아지 소유조건의 산물일 뿐이다

de même que votre jurisprudence n'est que la volonté de votre classe érigée en loi pour tous

너희의 법학이 너희 계급의 뜻이 모두를 위한 법으로 만들어진 것에 불과한 것처럼 말이다

Le caractère essentiel et l'orientation de cette volonté sont déterminés par les conditions économiques créées par votre classe sociale

이 의지의 본질적 성격과 방향은 너희의 사회계급이 만들어내는 경제적 조건들에 의해 결정된다

L'idée fausse égoïste qui vous pousse à transformer les formes sociales en lois éternelles de la nature et de la raison

사회적 형태를 자연과 이성의 영원한 법칙으로 변형시키도록 너희를 유도하는 이기적인 오해

les formes sociales qui découlent de votre mode de production et de votre forme de propriété actuels

현재의 생산양식과 소유양식에서 비롯된 사회적 형태

des rapports historiques qui naissent et disparaissent dans le progrès de la production

생산의 과정에서 오르락내리락하는 역사적 관계

cette idée fausse que vous partagez avec toutes les classes dirigeantes qui vous ont précédés

당신들은 이 오해를 당신들 이전의 모든 지배계급과 공유하고 있다

Ce que vous voyez clairement dans le cas de la propriété ancienne, ce que vous admettez dans le cas de la propriété féodale

고대 재산의 경우 분명히 볼 수 있는 것, 봉건 재산의 경우 인정하는 것

ces choses, il vous est bien entendu interdit de les admettre dans le cas de votre propre forme de propriété bourgeoise

물론 이러한 것들은 당신 자신의 부르주아지 소유 형태에 대해서는 인정할 수 없다

Abolition de la famille ! Même les plus radicaux s'enflamment devant cette infâme proposition des communistes

가족의 폐지! 심지어 가장 급진적인 공산주의자들의 이 악명 높은 제안에 불타오르고 있다

Sur quelle base se fonde la famille actuelle, la famille bourgeoise ?

현재의 가족, 부르주아 가족은 어떤 기초 위에 세워져 있는가?

La fondation de la famille actuelle est basée sur le capital et le gain privé

현재 가족의 기초는 자본과 사적 이익에 기초하고 있다

Sous sa forme complètement développée, cette famille n'existe que dans la bourgeoisie

완전히 발전된 형태로, 이 가족은 부르주아 계급 사이에서만 존재한다

Cet état de choses trouve son complément dans l'absence pratique de la famille chez les prolétaires

이러한 상황은 프롤레타리아들 사이에 가족의 실제적인 부재에서 그 보완을 발견한다

Cet état de choses se retrouve dans la prostitution publique

이러한 상황은 공개적인 매춘에서 찾아볼 수 있다

La famille bourgeoise disparaîtra d'office quand son effectif disparaîtra

부르주아 가문은 그 보완물이 사라질 때 당연히 사라질 것이다

et l'une et l'autre s'évanouiront avec la disparition du capital

그리고 이 두 가지 의지는 자본의 소멸과 함께 사라질 것이다

Nous accusez-vous de vouloir mettre fin à l'exploitation des enfants par leurs parents ?

부모에 의한 아동 착취를 중단하고 싶다고 우리를 비난합니까?

Nous plaidons coupables de ce crime

우리는 이 범죄에 대해 유죄를 인정합니다

Mais, direz-vous, on détruit les relations les plus sacrées, quand on remplace l'éducation à domicile par l'éducation sociale

그러나 그대는 말하기를, 우리가 가정 교육을 사회 교육으로 대체할 때, 우리는 가장 신성한 관계를 파괴한다

Votre éducation n'est-elle pas aussi sociale ? Et n'est-elle pas déterminée par les conditions sociales dans lesquelles vous éduquez ?

너희의 교육도 사회적이지 않느냐? 그리고 그것은 너희가 교육하는 사회적 조건에 의해 결정되지 않느냐?

par l'intervention, directe ou indirecte, de la société, par le biais de l'école, etc.

직접적이든 간접적이든 사회의 개입, 학교 등을 통해

Les communistes n'ont pas inventé l'intervention de la société dans l'éducation

공산주의자들은 교육에 대한 사회의 개입을 발명하지 않았다

ils ne cherchent qu'à modifier le caractère de cette intervention

그들은 단지 그 개입의 성격을 바꾸려고 할 뿐이다

et ils cherchent à sauver l'éducation de l'influence de la classe dirigeante

그리고 그들은 지배 계급의 영향으로부터 교육을
구출하려고 애쓴다

**La bourgeoisie parle de la relation sacrée du parent et de
l'enfant**

부르주아지는 부모와 자식의 신성한 상호관계에 대해
이야기한다

**mais ce baratin sur la famille et l'éducation devient d'autant
plus répugnant quand on regarde l'industrie moderne**

그러나 가족과 교육에 대한 이러한 덫은 현대 산업을 볼
때 더욱 역겨워집니다

**Tous les liens familiaux entre les prolétaires sont déchirés
par l'industrie moderne**

프롤레타리아들 사이의 모든 가족 유대는 현대 산업에
의해 산산조각이 난다

**Leurs enfants sont transformés en simples objets de
commerce et en instruments de travail**

그들의 자녀들은 단순한 상업 물품과 노동 도구로
변형된다

**Mais vous, communistes, vous créeriez une communauté de
femmes, crie en chœur toute la bourgeoisie**

그러나 당신들 공산주의자들은 부르주아 계급 전체를
합창으로 외치며 여성들의 공동체를 만들 것이다

**La bourgeoisie ne voit en sa femme qu'un instrument de
production**

부르주아 계급은 그의 아내에게서 단순한 생산의
도구만을 본다

**Il entend dire que les instruments de production doivent
être exploités par tous**

그는 생산수단이 모든 사람에 의해 착취되어야 한다는
말을 듣는다

**et, naturellement, il ne peut arriver à aucune autre
conclusion que celle d'être commun à tous retombera
également sur les femmes**

그리고 자연스럽게, 그는 모든 사람에게 공통적인 것의
몫이 마찬가지로 여자들에게도 떨어질 것이라는 것 외에
다른 결론에 도달할 수 없다

**Il ne soupçonne même pas qu'il s'agit en fait d'en finir avec
le statut de la femme en tant que simple instrument de
production**

그는 진정한 요점이 단순한 생산 도구로서의 여성의
지위를 없애는 것이라는 점을 의심조차 하지 않는다

**Du reste, rien n'est plus ridicule que l'indignation vertueuse
de notre bourgeoisie contre la communauté des femmes**

나머지는 여성 공동체에 대한 우리 부르주아지의 고결한
분노보다 더 우스꽝스러운 것은 없다

**ils prétendent qu'elle doit être établie ouvertement et
officiellement par les communistes**

그들은 그것이 공산주의자들에 의해 공개적으로 그리고
공식적으로 수립된 것처럼 가장한다

**Les communistes n'ont pas besoin d'introduire la
communauté des femmes, elle existe depuis des temps
immémoriaux**

공산주의자들은 여성 공동체를 도입할 필요가 없으며,
그것은 거의 태곳적부터 존재해 왔다

**Notre bourgeoisie ne se contente pas d'avoir à sa disposition
les femmes et les filles de ses prolétaires**

우리의 부르주아지는 그들의 프롤레타리아트의 아내와
딸들을 마음대로 사용할 수 있는 것에 만족하지 않는다

**Ils prennent le plus grand plaisir à séduire les femmes de
l'autre**

그들은 서로의 아내를 유혹하는 데서 가장 큰 기쁨을
느낀다

Et cela ne parle même pas des prostituées ordinaires

그리고 그것은 일반적인 매춘부에 대해서는 말할 것도
없다

**Le mariage bourgeois est en réalité un système d'épouses en
commun**

부르주아지의 결혼은 실제로 공통된 아내들의 체계이다

puis il y a une chose qu'on pourrait peut-être reprocher aux communistes

그렇다면 공산주의자들이 비난받을 수 있는 한 가지가 있다

Ils souhaitent introduire une communauté de femmes ouvertement légalisée

그들은 공개적으로 합법화된 여성 공동체를 소개하기를 원한다

plutôt qu'une communauté de femmes hypocritement dissimulée

위선적으로 은폐된 여성 공동체가 아니라

la communauté des femmes issues du système de production

생산 시스템에서 솟아나는 여성들의 공동체

Abolissez le système de production, et vous abolissez la communauté des femmes

생산체제를 폐지하고, 여성공동체를 폐지하라

La prostitution publique est abolie et la prostitution privée

공적 매춘과 사적 매춘 모두 폐지된다

On reproche en outre aux communistes de vouloir abolir les pays et les nationalités

공산주의자들은 국가와 민족을 폐지하기를 원하기 때문에 더욱 비난을 받고 있다

Les travailleurs n'ont pas de patrie, nous ne pouvons donc pas leur prendre ce qu'ils n'ont pas

노동자들에게는 조국이 없기 때문에 우리는 그들이 갖지 못한 것을 빼앗을 수 없다

Le prolétariat doit d'abord acquérir la suprématie politique

프롤레타리아트는 무엇보다도 먼저 정치적 우위를 획득해야 한다

Le prolétariat doit s'élever pour être la classe dirigeante de la nation

프롤레타리아트는 민족의 지도계급으로 부상해야 한다

Le prolétariat doit se constituer en nation

프롤레타리아트는 스스로를 민족으로 구성해야 한다

elle est, jusqu'à présent, elle-même nationale, mais pas dans le sens bourgeois du mot

그것은 아직까지는 그 자체로 민족적이지만, 부르주아적 의미에서는 아니다

Les différences nationales et les antagonismes entre les peuples s'estompent chaque jour davantage

민족 간의 민족적 차이와 적대감은 날이 갈수록 점점 더 사라지고 있다

grâce au développement de la bourgeoisie, à la liberté du commerce, au marché mondial

부르주아지의 발전, 상업의 자유, 세계 시장

à l'uniformité du mode de production et des conditions de vie qui y correspondent

생산양식과 그에 상응하는 생활조건의 균일성

La suprématie du prolétariat les fera disparaître encore plus vite

프롤레타리아트의 우월성은 그들을 더욱 빨리 사라지게 할 것이다

L'action unie, du moins dans les principaux pays civilisés, est une des premières conditions de l'émancipation du prolétariat

적어도 주요 문명국가들의 단결된 행동은 프롤레타리아트의 해방을 위한 첫 번째 조건들 중 하나이다

Dans la mesure où l'exploitation d'un individu par un autre prendra fin, l'exploitation d'une nation par une autre prendra également fin à

한 개인이 다른 개인을 착취하는 것이 종식되는 것에 비례하여, 한 민족이 다른 민족을 착취하는 것도 종식될 것이다

À mesure que l'antagonisme entre les classes à l'intérieur de la nation disparaîtra, l'hostilité d'une nation envers une autre prendra fin

그 나라 내의 계급들 사이의 적대감이 사라지는 것에 비례하여, 한 나라가 다른 나라를 적대시하는 것도 끝날 것이다

Les accusations portées contre le communisme d'un point de vue religieux, philosophique et, en général, idéologique, ne méritent pas d'être examinées sérieusement

공산주의에 대한 종교적, 철학적, 그리고 일반적으로 이데올로기적 견지에서 제기된 비난은 진지하게 검토할 가치가 없다

Faut-il une intuition profonde pour comprendre que les idées, les vues et les conceptions de l'homme changent à chaque changement dans les conditions de son existence matérielle ?

인간의 관념, 견해, 개념이 물질적 존재 조건이 바뀔 때마다 변한다는 것을 이해하려면 깊은 직관이 필요한가?

N'est-il pas évident que la conscience de l'homme change lorsque ses relations sociales et sa vie sociale changent ?

사람의 사회적 관계와 사회생활이 바뀔 때 사람의 의식도 바뀌는 것은 분명하지 않은가?

Qu'est-ce que l'histoire des idées prouve d'autre, sinon que la production intellectuelle change de caractère à mesure que la production matérielle se modifie ?

관념의 역사가 증명하는 것은, 물질적 생산이 변화함에 따라 지적 생산이 그 성격을 변화시킨다는 것 이외에 무엇인가?

Les idées dominantes de chaque époque ont toujours été les idées de sa classe dirigeante

각 시대의 지배 사상은 언제나 그 지배 계급의 사상이었다

Quand on parle d'idées qui révolutionnent la société, on n'exprime qu'un seul fait

사람들이 사회를 혁신하는 사상에 대해 말할 때, 그들은 단지 한 가지 사실을 표현할 뿐이다

Au sein de l'ancienne société, les éléments d'une nouvelle société ont été créés

낡은 사회 안에는 새로운 사회의 요소들이 창조되어 왔다

et que la dissolution des vieilles idées va de pair avec la dissolution des anciennes conditions d'existence

그리고 낡은 관념의 해체는 낡은 실존 조건의 해체와 보조를 맞춘다

Lorsque le monde antique était dans ses dernières affresses, les anciennes religions ont été vaincues par le christianisme

고대 세계가 최후의 진통을 겪고 있을 때, 고대 종교들은 그리스도교에 의해 정복되었다

Lorsque les idées chrétiennes ont succombé au XVIIIe siècle aux idées rationalistes, la société féodale a mené une bataille à mort contre la bourgeoisie alors révolutionnaire

18세기에 기독교 사상이 합리주의 사상에 굴복했을 때, 봉건 사회는 당시 혁명적 부르주아 계급과 사투를 벌였다

Les idées de liberté religieuse et de liberté de conscience n'ont fait qu'exprimer l'emprise de la libre concurrence dans le domaine de la connaissance

종교의 자유와 양심의 자유라는 관념은 지식의 영역 안에서 자유 경쟁의 영향력을 표현했을 뿐이다

« Sans doute, dira-t-on, les idées religieuses, morales, philosophiques et juridiques ont été modifiées au cours du développement historique »

"의심할 여지 없이, 종교적, 도덕적, 철학적, 법적 관념들이 역사 발전 과정에서 수정되었다"고 말할 것이다

Mais la religion, la morale, la philosophie, la science politique et le droit ont constamment survécu à ce changement.

"그러나 종교, 도덕, 철학, 정치학, 법학은 이러한 변화에서 끊임없이 살아남았다"

« Il y a aussi des vérités éternelles, telles que la Liberté, la Justice, etc. »

"자유, 정의 등과 같은 영원한 진리도 있습니다."

« Ces vérités éternelles sont communes à tous les états de la société »

"이 영원한 진리는 사회의 모든 상태에 공통되어
있습니다."

**« Mais le communisme abolit les vérités éternelles, il abolit
toute religion et toute morale »**

"그러나 공산주의는 영원한 진리를 폐지하고, 모든
종교와 모든 도덕을 폐지한다"

« il fait cela au lieu de les constituer sur une nouvelle base »

"그것은 그것들을 새로운 기초 위에 구성하는 대신
이것을 한다"

**« Elle agit donc en contradiction avec toute l'expérience
historique passée »**

"그러므로 그것은 과거의 모든 역사적 경험과 모순되는
행동을 한다"

À quoi se réduit cette accusation ?

이 비난은 무엇으로 축소되는가?

**L'histoire de toute la société passée a consisté dans le
développement d'antagonismes de classe**

과거의 모든 사회의 역사는 계급 적대감의 발전 속에
있었다

**antagonismes qui ont pris des formes différentes selon les
époques**

서로 다른 시대에 서로 다른 형태를 취한 적대감

**Mais quelle que soit la forme qu'ils aient prise, un fait est
commun à tous les âges passés**

그러나 그들이 어떤 형태를 취했든지 간에, 한 가지
사실은 과거의 모든 시대에 공통적이다

l'exploitation d'une partie de la société par l'autre

사회의 한 부분이 다른 부분에 의해 착취되는 것

**Il n'est donc pas étonnant que la conscience sociale des âges
passés se meuve à l'intérieur de certaines formes communes
ou d'idées générales**

그러므로 지나간 시대의 사회적 의식이 어떤 공통된
형태 또는 일반적인 관념 안에서 움직이는 것은 놀라운
일이 아니다

(et ce, malgré toute la multiplicité et la variété qu'il affiche)

(그리고 그것은 그것이 표시하는 모든 다양성과
다양성에도 불구하고)

**et ceux-ci ne peuvent disparaître complètement qu'avec la
disparition totale des antagonismes de classe**
그리고 이것들은 계급적 적대감이 완전히 사라지지 않는
한 완전히 사라질 수 없다

**La révolution communiste est la rupture la plus radicale avec
les rapports de propriété traditionnels**
공산주의 혁명은 전통적 소유 관계의 가장 근본적인
단절이다

**Il n'est donc pas étonnant que son développement implique
la rupture la plus radicale avec les idées traditionnelles**
그것의 발전이 전통적인 관념과의 가장 근본적인 단절을
수반한다는 것은 놀라운 일이 아닙니다

**Mais finissons-en avec les objections de la bourgeoisie
contre le communisme**
그러나 공산주의에 대한 부르주아지의 반대는 이제 그만
두자.

**Nous avons vu plus haut le premier pas de la révolution de
la classe ouvrière**
우리는 위에서 노동계급에 의한 혁명의 첫 걸음을
보았다

**Le prolétariat doit être élevé à la position de dirigeant, pour
gagner la bataille de la démocratie**
프롤레타리아트는 민주주의의 전투에서 승리하기 위해
지배자의 지위로 올라와야 한다

**Le prolétariat usera de sa suprématie politique pour arracher
peu à peu tout le capital à la bourgeoisie**
프롤레타리아트는 부르주아지로부터 모든 자본을
조금씩 빼앗기 위해 자신의 정치적 우위를 사용할
것이다

**elle centralisera tous les instruments de production entre les
mains de l'État**
그것은 모든 생산수단을 국가의 수중에 집중시킬 것이다

En d'autres termes, le prolétariat s'est organisé en classe dominante

다른 말로 하면, 프롤레타리아트는 지배계급으로 조직되었다

et elle augmentera le plus rapidement possible le total des forces productives

그리고 그것은 가능한 한 빨리 생산력의 총량을 증가시킬 것이다

Bien sûr, au début, cela ne peut se faire qu'au moyen d'incursions despotiques dans les droits de propriété

물론, 처음에는 재산권에 대한 전제적 침해를 통하지 않고는 그렇게 할 수 없다

et elle doit être réalisée dans les conditions de la production bourgeoise

그리고 그것은 부르주아지 생산의 조건들 위에서 성취되어야 한다

Elle est donc réalisée au moyen de mesures qui semblent économiquement insuffisantes et intenables

따라서 경제적으로 불충분하고 지탱할 수 없는 것으로 보이는 조치를 통해 달성됩니다

mais ces moyens, dans le cours du mouvement, se dépassent d'eux-mêmes

그러나 이러한 수단들은 운동의 과정에서 스스로를 능가한다

elles nécessitent de nouvelles incursions dans l'ancien ordre social

그들은 낡은 사회 질서에 더 깊이 침투할 필요가 있다

et ils sont inévitables comme moyen de révolutionner entièrement le mode de production

그리고 그것들은 생산양식을 완전히 혁명화하기 위한 수단으로서 불가피하다

Ces mesures seront bien sûr différentes selon les pays

물론 이러한 조치는 국가마다 다를 것입니다

Néanmoins, dans les pays les plus avancés, ce qui suit sera assez généralement applicable

그럼에도 불구하고 가장 선진국에서는 다음이 매우 일반적으로 적용됩니다

1. L'abolition de la propriété foncière et l'affectation de toutes les rentes foncières à des fins publiques.

1. 토지의 재산을 폐지하고 토지의 모든 임대료를 공공의 목적에 적용한다.

2. Un impôt sur le revenu progressif ou progressif lourd.

2. 무거운 누진 소득세 또는 누진 소득세.

3. Abolition de tout droit d'héritage.

3. 모든 상속권의 폐지.

4. Confiscation des biens de tous les émigrés et rebelles.

4. 모든 이주자들과 반역자들의 재산 몰수.

5. Centralisation du crédit entre les mains de l'État, au moyen d'une banque nationale à capital d'État et monopole exclusif.

5. 국가 자본과 독점적 독점권을 가진 국가 은행을 통해 국가의 손에 신용을 집중시키는 것.

6. Centralisation des moyens de communication et de transport entre les mains de l'État.

6. 통신 및 운송 수단을 국가의 손에 중앙 집중화.

7. Extension des usines et des instruments de production appartenant à l'État

7. 국가 소유의 공장 및 생산 수단의 확장

la mise en culture des terres incultes, et l'amélioration du sol en général d'après un plan commun.

황무지를 경작하고 일반적으로 공통 계획에 따라 토양을 개량합니다.

8. Responsabilité égale de tous vis-à-vis du travail

8. 노동에 대한 모두의 동등한 책임

Mise en place d'armées industrielles, notamment pour l'agriculture.

특히 농업을 위한 산업 군대의 설립.

9. Combinaison de l'agriculture et des industries manufacturières

9. 농업과 제조업의 결합

l'abolition progressive de la distinction entre la ville et la campagne, par une répartition plus égale de la population sur le territoire.

도시와 시골 사이의 구별을 점진적으로 폐지하고, 전국적으로 인구를 보다 균등하게 분배한다.

10. Gratuité de l'éducation pour tous les enfants dans les écoles publiques.

10. 공립학교의 모든 어린이를 위한 무료 교육.

Abolition du travail des enfants dans les usines sous sa forme actuelle

현재의 아동 공장 노동 폐지

Combinaison de l'éducation et de la production industrielle

교육과 산업 생산의 결합

Quand, au cours du développement, les distinctions de classe ont disparu

발전 과정에서 계급 구분이 사라졌을 때

et quand toute la production aura été concentrée entre les mains d'une vaste association de toute la nation

그리고 모든 생산이 온 나라의 광대한 연합체의 손에 집중되었을 때

alors la puissance publique perdra son caractère politique

그러면 공권력은 정치적 성격을 잃게 될 것이다

Le pouvoir politique, proprement dit, n'est que le pouvoir organisé d'une classe pour en opprimer une autre

정치 권력은, 적절하게 말하자면, 한 계급이 다른 계급을 억압하기 위해 조직한 권력일 뿐이다

Si le prolétariat, dans sa lutte contre la bourgeoisie, est contraint, par la force des choses, de s'organiser en classe

만약 프롤레타리아트가 부르주아지와 경쟁하는 동안, 상황의 힘에 의해, 스스로를 하나의 계급으로 조직하도록 강요받는다면

si, par une révolution, elle se fait la classe dominante

혁명을 통해 스스로를 지배계급으로 만든다면

et, en tant que telle, elle balaie par la force les anciennes conditions de production

그리하여 낡은 생산조건을 무력으로 쓸어버린다

alors, avec ces conditions, elle aura balayé les conditions d'existence des antagonismes de classes et des classes en général

그렇게 되면 그것은 이러한 조건들과 함께 계급 적대와 계급 일반의 존재 조건들을 쓸어버릴 것이다

et aura ainsi aboli sa propre suprématie en tant que classe.

그리하여 하나의 계급으로서의 그 자신의 우월성을 폐지하게 될 것이다.

A la place de l'ancienne société bourgeoise, avec ses classes et ses antagonismes de classes, nous aurons une association

계급과 계급 적대가 있는 낡은 부르주아 사회를 대신하여, 우리는 연합체를 가질 것이다

une association dans laquelle le libre développement de chacun est la condition du libre développement de tous

각각의 자유로운 발전이 모두의 자유로운 발전을 위한 조건인 연합

1) Le socialisme réactionnaire
1) 반동적 사회주의

a) Le socialisme féodal
a) 봉건 사회주의

les aristocraties de France et d'Angleterre avaient une position historique unique
프랑스와 영국의 귀족 정치는 독특한 역사적 위치를 차지했습니다

c'est devenu leur vocation d'écrire des pamphlets contre la société bourgeoise moderne
현대 부르주아 사회에 반대하는 팜플렛을 쓰는 것이 그들의 천직이 되었다

Dans la révolution française de juillet 1830 et dans l'agitation réformiste anglaise
1830년 7월의 프랑스 혁명과 영국의 개혁 선동

Ces aristocraties succombèrent de nouveau à l'odieux parvenu
이 귀족들은 다시 증오에 찬 신생 세력에게 굴복했다

Dès lors, il n'était plus question d'une lutte politique sérieuse
그 후로 심각한 정치 논쟁은 전혀 문제가 되지 않았다

Tout ce qui restait possible, c'était une bataille littéraire, pas une véritable bataille
이제 남은 것은 실제 전투가 아니라 문학 전투뿐이었다

Mais même dans le domaine de la littérature, les vieux cris de la période de la restauration étaient devenus impossibles
그러나 문학의 영역에서조차 유신기의 낡은 외침은 불가능해졌다

Pour s'attirer la sympathie, l'aristocratie était obligée de perdre de vue, semble-t-il, ses propres intérêts
동정심을 불러일으키기 위해, 귀족들은 분명히 그들 자신의 이익을 망각하지 않을 수 없었다

et ils ont été obligés de formuler leur réquisitoire contre la bourgeoisie dans l'intérêt de la classe ouvrière exploitée

그리고 그들은 착취당하는 노동계급의 이익을 위해
부르주아지에 대한 그들의 기소를 공식화할 수밖에
없었다

C'est ainsi que l'aristocratie prit sa revanche en chantant des pamphlets sur son nouveau maître

그리하여 귀족들은 그들의 새로운 주인에게 풍자(天位)를 부르는 것으로 복수를 하였다

et ils prirent leur revanche en lui murmurant à l'oreille de sinistres prophéties de catastrophe à venir

그리고 그들은 다가오는 재앙에 대한 불길한 예언을
그의 귀에 속삭임으로써 복수를 했다

C'est ainsi qu'est né le socialisme féodal : moitié lamentation, moitié moquerie

이렇게 해서 봉건적 사회주의가 생겨났다: 반은 탄식,
반은 풍자였다

Il sonnait comme un demi-écho du passé, et projetait une demi-menace de l'avenir

그것은 반쯤은 과거의 메아리처럼 울려 퍼졌고, 반쯤은
미래의 위협을 투영했다

parfois, par sa critique acerbe, spirituelle et incisive, il frappait la bourgeoisie au plus profond de lui-même

때때로, 신랄하고, 재치 있고, 예리한 비판으로, 그것은
부르주아지의 마음 깊은 곳까지 강타했다

mais elle a toujours été ridicule dans son effet, par l'incapacité totale de comprendre la marche de l'histoire moderne

그러나 그것은 현대 역사의 행진을 이해할 수 있는
완전한 무능력으로 인해 그 효과에 있어서 항상
우스꽝스러웠다

L'aristocratie, pour rallier le peuple à elle, agitait le sac d'aumône prolétarien en guise de bannière

귀족들은 민중을 자신들에게로 결집시키기 위해
프롤레타리아 구호품 가방을 앞세워 흔들었다

Mais le peuple, toutes les fois qu'il se joignait à lui, voyait sur son arrière-train les anciennes armoiries féodales

그러나 사람들은 그들과 합류할 때마다 그들의
뒷다리에서 옛 봉건 시대의 문장을 보았다
et ils désertèrent avec des rires bruyants et irrévérencieux
그들은 시끄럽고 불경한 웃음을 터뜨리며 도망쳤다
Une partie des légitimistes français et de la « Jeune
Angleterre » offrit ce spectacle
프랑스의 합법주의자들과 "젊은 영국"의 한 부분은 이
광경을 보여주었다
les féodaux ont fait remarquer que leur mode d'exploitation
était différent de celui de la bourgeoisie
봉건주의자들은 그들의 착취 방식이 부르주아지의
그것과 다르다고 지적했다
Les féodaux oublient qu'ils ont exploité dans des
circonstances et des conditions tout à fait différentes
봉건주의자들은 자신들이 전혀 다른 환경과 조건 하에서
착취했다는 사실을 잊고 있다
Et ils n'ont pas remarqué que de telles méthodes
d'exploitation sont maintenant désuètes
그리고 그들은 그러한 착취 방법이 이제 구식이라는
것을 알아차리지 못했습니다
Ils ont montré que, sous leur domination, le prolétariat
moderne n'a jamais existé
그들은 그들의 지배 하에서 현대 프롤레타리아트는 결코
존재하지 않았다는 것을 보여주었다
mais ils oublient que la bourgeoisie moderne est le produit
nécessaire de leur propre forme de société
그러나 그들은 현대 부르주아지가 그들 자신의 사회
형태에서 필요한 소산이라는 것을 잊고 있다
Pour le reste, ils dissimulent à peine le caractère
réactionnaire de leur critique
나머지는 비판의 반동적인 성격을 거의 감추지 않는다
Leur principale accusation contre la bourgeoisie se résume à
ceci
부르주아지에 대한 그들의 주된 비난은 다음과 같다
sous le régime bourgeois, une classe sociale se développe

부르주아 정권 하에서 사회계급이 발전하고 있다

Cette classe sociale est destinée à découper de fond en comble l'ancien ordre de la société

이 사회 계급은 사회의 낡은 질서를 뿌리째 뽑고 가지를 뻗을 운명이다

Ce qu'ils reprochent à la bourgeoisie, ce n'est pas tant qu'elle crée un prolétariat

그들이 부르주아지를 꼰 것은 프롤레타리아트를 만들어내는 것이 아니다

ce qu'ils reprochent à la bourgeoisie, c'est plutôt de créer un prolétariat révolutionnaire

그들이 부르주아지를 꼰 것은 혁명적 프롤레타리아트를 창출하기 위한 것이다

Dans la pratique politique, ils se joignent donc à toutes les mesures coercitives contre la classe ouvrière

따라서 정치적 실천에서 그들은 노동계급에 대한 모든 강압적 조치에 가담한다

Et dans la vie ordinaire, malgré leurs phrases hautaines, ils s'abaissent à ramasser les pommes d'or tombées de l'arbre de l'industrie

그리고 일상 생활에서, 그들의 하이팔루틴 문구에도 불구하고, 그들은 산업의 나무에서 떨어진 황금 사과를 줍기 위해 몸을 굽힌다

et ils troquent la vérité, l'amour et l'honneur contre le commerce de la laine, du sucre de betterave et de l'eau-de-vie de pommes de terre

그리고 그들은 진리와 사랑과 명예를 양모, 사탕무 설탕, 그리고 감자 영으로 거래한다

De même que le pasteur a toujours marché main dans la main avec le propriétaire foncier, il en a été de même du socialisme clérical et du socialisme féodal

목사가 늘 지주와 손을 잡았듯이, 성직자 사회주의와 봉건 사회주의도 마찬가지다

Rien n'est plus facile que de donner à l'ascétisme chrétien une teinte socialiste

기독교 금욕주의에 사회주의적 색채를 부여하는 것보다
쉬운 일은 없다

Le christianisme n'a-t-il pas déclamé contre la propriété privée, contre le mariage, contre l'État ?

그리스도교는 사유 재산, 결혼, 국가에 반대하지
않았는가?

Le christianisme n'a-t-il pas prêché à la place de la charité et de la pauvreté ?

기독교는 이러한 자선과 가난을 대신해 설교하지
않았는가?

Le christianisme ne prêche-t-il pas le célibat et la mortification de la chair, de la vie monastique et de l'Église mère ?

기독교는 독신과 육체의 고행, 수도원 생활과 어머니
교회를 설교하지 않습니까?

Le socialisme chrétien n'est que l'eau bénite avec laquelle le prêtre consacre les brûlures du cœur de l'aristocrate

기독교 사회주의는 사제가 귀족의 가슴 아픈 것을
봉헌하는 성수일 뿐이다

b) Le socialisme petit-bourgeois
b) 소부르주아 사회주의

L'aristocratie féodale n'est pas la seule classe ruinée par la
bourgeoisie
봉건 귀족은 부르주아지에 의해 파멸된 유일한 계급이
아니었다

ce n'était pas la seule classe dont les conditions d'existence
languissaient et périssaient dans l'atmosphère de la société
bourgeoise moderne
현대 부르주아 사회의 분위기 속에서 생존 조건이
고착화되고 소멸된 계급은 이들만이 아니었다

Les bourgeois médiévaux et les petits propriétaires paysans
ont été les précurseurs de la bourgeoisie moderne
중세의 버제스와 소작농 지주들은 현대 부르주아지의
선구자였다

Dans les pays peu développés, tant au point de vue
industriel que commercial, ces deux classes végètent encore
côte à côte
산업적으로나 상업적으로나 거의 개발되지 않은
나라들에서, 이 두 부류는 여전히 나란히 식물을 먹는다

et pendant ce temps, la bourgeoisie se lève à côté d'eux :
industriellement, commercialement et politiquement
그러는 동안 부르주아지는 그들 옆에서 산업적으로,
상업적으로, 정치적으로 봉기했다

Dans les pays où la civilisation moderne s'est pleinement
développée, une nouvelle classe de petite bourgeoisie s'est
formée
근대 문명이 완전히 발달한 나라들에서는 새로운
소부르주아 계급이 형성되었다

cette nouvelle classe sociale oscille entre le prolétariat et la
bourgeoisie
이 새로운 사회계급은 프롤레타리아트와 부르주아지
사이에서 왔다 갔다 한다

et elle se renouvelle sans cesse en tant que partie
supplémentaire de la société bourgeoise

그리고 그것은 부르주아 사회의 보충적인 부분으로서
스스로를 늘 갱신하고 있다

**Cependant, les membres individuels de cette classe sont
constamment précipités dans le prolétariat**

그러나 이 계급의 개별 구성원들은 끊임없이
프롤레타리아트로 내던져지고 있다

**ils sont aspirés par le prolétariat par l'action de la
concurrence**

그들은 경쟁의 행동을 통해 프롤레타리아트에 의해 빨려
들어간다

**Au fur et à mesure que l'industrie moderne se développe, ils
voient même approcher le moment où ils disparaîtront
complètement en tant que section indépendante de la société
moderne**

현대 산업이 발전함에 따라 그들은 현대 사회의
독립적인 부분으로서 완전히 사라질 순간이 다가오고
있음을 직시하고 있습니다

**ils seront remplacés, dans les manufactures, l'agriculture et
le commerce, par des surveillants, des huissiers et des
boutiquiers**

그들은 제조업, 농업 및 상업에서 감시자, 집행관 및
상점 상인으로 대체될 것입니다

**Dans des pays comme la France, où les paysans représentent
bien plus de la moitié de la population**

농민이 인구의 절반 이상을 차지하는 프랑스와 같은
나라에서는

**il était naturel qu'il y ait des écrivains qui se rangent du côté
du prolétariat contre la bourgeoisie**

부르주아지에 맞서 프롤레타리아트의 편에 섰던
작가들이 있는 것은 당연한 일이었다

**dans leur critique du régime bourgeois, ils utilisaient
l'étendard de la bourgeoisie paysanne et de la petite
bourgeoisie**

부르주아 정권에 대한 비판에서 그들은 농민과
소부르주아지의 기준을 사용했다

et, du point de vue de ces classes intermédiaires, ils prennent le relais de la classe ouvrière

그리고 이 중간 계급의 입장에서 그들은 노동계급을 위해 곤봉을 든다

C'est ainsi qu'est né le socialisme petit-bourgeois, dont Sismondi était le chef de cette école, non seulement en France, mais aussi en Angleterre

그리하여 소부르주아 사회주의가 생겨났고, 시스몽디는 프랑스뿐만 아니라 영국에서도 이 학파의 교장이었다

Cette école du socialisme a disséqué avec une grande acuité les contradictions des conditions de la production moderne

이 사회주의 학파는 근대적 생산 조건의 모순을 매우 예리하게 해부했다

Cette école a mis à nu les excuses hypocrites des économistes

이 학교는 경제학자들의 위선적인 사과를 적나라하게 드러냈다

Cette école prouva sans conteste les effets désastreux du machinisme et de la division du travail

이 학교는 기계와 분업의 비참한 결과를 논란의 여지없이 증명했다

elle prouvait la concentration du capital et de la terre entre quelques mains

그것은 자본과 토지가 소수의 손에 집중되어 있음을 증명했다

elle a prouvé comment la surproduction conduit à des crises bourgeoises

그것은 과잉생산이 어떻게 부르주아지의 위기를 초래하는지를 증명했다

il soulignait la ruine inévitable de la petite bourgeoisie et des paysans

그것은 소부르주아지와 농민의 필연적인 파멸을 지적했다

la misère du prolétariat, l'anarchie de la production, les inégalités criantes dans la répartition des richesses

프롤레타리아트의 비참함, 생산의 무정부 상태, 부의
분배에 있어서의 울부짖는 불평등

**Il a montré comment le système de production mène la
guerre industrielle d'extermination entre les nations**
그것은 생산체제가 어떻게 국가들 간의 말살의
산업전쟁을 주도하는지를 보여주었다

**la dissolution des vieux liens moraux, des vieilles relations
familiales, des vieilles nationalités**
낡은 도덕적 유대, 낡은 가족 관계, 낡은 민족의 해체

**Dans ses objectifs positifs, cependant, cette forme de
socialisme aspire à réaliser l'une des deux choses suivantes**
그러나 이러한 형태의 사회주의는 그 긍정적 목표에서
두 가지 중 하나를 성취하기를 열망한다

**soit elle vise à restaurer les anciens moyens de production et
d'échange**
그것은 낡은 생산수단과 교환수단을 회복하는 것을
목표로 한다

**et avec les anciens moyens de production, elle rétablirait les
anciens rapports de propriété et l'ancienne société**
그리고 낡은 생산수단으로 낡은 소유관계와 낡은 사회를
회복할 것이다

**ou bien elle vise à enfermer les moyens modernes de
production et d'échange dans l'ancien cadre des rapports de
propriété**
또는 근대적 생산수단과 교환수단을 소유관계의 낡은 틀
속으로 집어넣는 것을 목표로 한다

**Dans un cas comme dans l'autre, elle est à la fois
réactionnaire et utopique**
어느 경우든 그것은 반동적이고 유토피아적이다

**Ses derniers mots sont : guildes corporatives pour la
fabrication, relations patriarcales dans l'agriculture**
그것의 마지막 단어는 다음과 같습니다 : 제조업을위한
기업 길드, 농업에서의 가부장적 관계

**En fin de compte, lorsque les faits historiques obstinés ont
dispersé tous les effets enivrants de l'auto-tromperie**

궁극적으로, 완고한 역사적 사실들이 자기기만의 모든
도취적인 효과들을 흩어버렸을 때
**cette forme de socialisme se termina par un misérable accès
de pitié**
이러한 형태의 사회주의는 비참한 동정심으로 끝났다

c) Le socialisme allemand, ou « vrai »
c) 독일, 또는 "진정한" 사회주의

La littérature socialiste et communiste de France est née sous la pression d'une bourgeoisie au pouvoir
프랑스의 사회주의와 공산주의 문학은 권력을 쥔
부르주아지의 압력 하에서 시작되었다

Et cette littérature était l'expression de la lutte contre ce pouvoir
그리고 이 문학은 이 권력에 대항하는 투쟁의
표현이었다

elle a été introduite en Allemagne à une époque où la bourgeoisie venait de commencer sa lutte contre l'absolutisme féodal
그것은 부르주아지가 봉건적 절대주의와의 경쟁을 막
시작했을 때 독일에 소개되었다

Les philosophes allemands, les prétendus philosophes et les beaux esprits, s'emparèrent avidement de cette littérature
독일의 철학자들, 철학자 지망생들, 그리고 미숙한
철학자들은 이 문헌을 열렬히 붙잡았다

mais ils oubliaient que les écrits avaient émigré de France en Allemagne sans apporter avec eux les conditions sociales françaises
그러나 그들은 그 글들이 프랑스의 사회적 조건을
따라오지 않고 프랑스에서 독일로 이주해 왔다는 사실을
잊었다

Au contact des conditions sociales allemandes, cette littérature française perd toute sa signification pratique immédiate
독일의 사회적 상황과 맞물려 이 프랑스 문학은
즉각적이고 실천적인 의미를 상실했다

et la littérature communiste de France a pris un aspect purement littéraire dans les cercles académiques allemands
프랑스의 공산주의 문학은 독일 학계에서 순전히
문학적인 측면을 띠고 있었다

Ainsi, les exigences de la première Révolution française n'étaient rien d'autre que les exigences de la « raison pratique »

따라서 제1차 프랑스 혁명의 요구는 '실천이성'의 요구에 지나지 않았다

et l'expression de la volonté de la bourgeoisie française révolutionnaire signifiait à leurs yeux la loi de la volonté pure

혁명적 프랑스 부르주아지의 의지 발언은 그들의 눈에는 순수 의지의 법칙을 의미했다

il signifiait la Volonté telle qu'elle devait être ; de la vraie Volonté humaine en général

그것은 필연적으로 그렇게 될 의지를 의미했다. 일반적으로 참된 인간의 의지

Le monde des lettrés allemands ne consistait qu'à mettre les nouvelles idées françaises en harmonie avec leur ancienne conscience philosophique

독일 문인들의 세계는 오로지 새로운 프랑스 사상을 그들의 고대의 철학적 양심과 조화시키는 데에만 있었다

ou plutôt, ils ont annexé les idées françaises sans déserter leur propre point de vue philosophique

오히려, 그들은 자신의 철학적 관점을 포기하지 않고 프랑스 사상을 합병했습니다

Cette annexion s'est faite de la même manière que l'on s'approprie une langue étrangère, c'est-à-dire par la traduction

이 병합은 외국어가 전유되는 것과 같은 방식, 즉 번역에 의해 이루어졌습니다

Il est bien connu comment les moines ont écrit des vies stupides de saints catholiques sur des manuscrits

수도사들이 원고를 통해 가톨릭 성인들의 어리석은 삶을 어떻게 썼는지는 잘 알려져 있습니다

les manuscrits sur lesquels les œuvres classiques de l'ancien paganisme avaient été écrites

고대 이교도의 고전 작품이 쓰여진 사본

Les lettrés allemands ont inversé ce processus avec la littérature française profane

독일의 문인들은 이 과정을 불경스러운 프랑스 문학으로 역전시켰다

Ils ont écrit leurs absurdités philosophiques sous l'original français

그들은 프랑스어 원본 아래에 철학적 넌센스를 썼습니다

Par exemple, sous la critique française des fonctions économiques de l'argent, ils ont écrit « L'aliénation de l'humanité »

예를 들어, 화폐의 경제적 기능에 대한 프랑스의 비판 아래에는 "인류의 소외"라고 썼다

au-dessous de la critique française de l'État bourgeois, ils écrivaient « détrônement de la catégorie du général »

부르주아 국가에 대한 프랑스의 비판 밑에 그들은 "장군의 범주의 폐위"라고 썼다

L'introduction de ces phrases philosophiques à la fin des critiques historiques françaises qu'ils ont baptisées :

프랑스의 역사비평 뒤편에 이런 철학적 문구를 소개한 것은 다음과 같다.

« Philosophie de l'action », « Vrai socialisme », « Science allemande du socialisme », « Fondement philosophique du socialisme », etc

「행동철학」, 「참된 사회주의」, 「독일 사회주의」, 「사회주의의 철학적 기초」 등이다

La littérature socialiste et communiste française est ainsi complètement émasculée

그리하여 프랑스의 사회주의와 공산주의 문학은 완전히 말살되었다

entre les mains des philosophes allemands, elle cessa d'exprimer la lutte d'une classe contre l'autre

독일 철학자들의 손에서 그것은 한 계급과 다른 계급의 투쟁을 표현하는 것을 중단했다

et c'est ainsi que les philosophes allemands se sentaient conscients d'avoir surmonté « l'unilatéralité française »

그래서 독일 철학자들은 '프랑스의 일방성'을 극복했다는
의식을 느꼈다

**Il n'avait pas à représenter de vraies exigences, mais plutôt
des exigences de vérité**
그것은 참된 요구 조건을 대표할 필요가 없었고, 오히려
진리의 요구 조건을 대표했다

**il n'y avait pas d'intérêt pour le prolétariat, mais plutôt pour
la nature humaine**
프롤레타리아트에 대한 관심은 없었고, 오히려 인간
본성에 대한 관심이 있었다

**l'intérêt était dans l'Homme en général, qui n'appartient à
aucune classe et n'a pas de réalité**
관심은 계급에 속하지 않고 실체가 없는 인간 일반에
있었다

**un homme qui n'existe que dans le royaume brumeux de la
fantaisie philosophique**
철학적 환상의 안개 낀 영역에만 존재하는 남자

**mais finalement, ce socialisme allemand d'écolier perdit
aussi son innocence pédante**
그러나 결국 이 모범생 독일 사회주의도 현학적인
순수함을 잃었다

**la bourgeoisie allemande, et surtout la bourgeoisie
prussienne, luttait contre l'aristocratie féodale**
독일 부르주아지, 특히 프로이센 부르주아지는 봉건
귀족에 맞서 싸웠다

**la monarchie absolue de l'Allemagne et de la Prusse était
également combattue**
독일과 프로이센의 절대 왕정 역시 대립하고 있었다

**Et à son tour, la littérature du mouvement libéral est
également devenue plus sérieuse**
그러자 자유주의 운동의 문학도 더욱 진지해졌다

**L'Allemagne a eu l'occasion longtemps souhaitée par le «
vrai » socialisme de se voir offrir**
독일이 오랫동안 바라던 "진정한" 사회주의의 기회가
제공되었다

l'occasion de confronter le mouvement politique aux revendications socialistes

사회주의 요구와 정치 운동에 맞설 수 있는 기회

l'occasion de jeter les anathèmes traditionnels contre le libéralisme

자유주의에 대항하는 전통적 저주를 퍼부을 수 있는 기회

l'occasion d'attaquer le gouvernement représentatif et la concurrence bourgeoise

대의정부와 부르주아지 경쟁을 공격할 기회

Liberté de la presse bourgeoise, législation bourgeoise, liberté et égalité bourgeoise

부르주아지 언론의 자유, 부르주아지 입법, 부르주아지의 자유와 평등

Tout cela pourrait maintenant être critiqué dans le monde réel, plutôt que dans la fantaisie

이 모든 것은 이제 판타지가 아닌 현실 세계에서 비평될 수 있습니다

L'aristocratie féodale et la monarchie absolue prêchaient depuis longtemps aux masses

봉건 귀족 정치와 절대 왕정은 오랫동안 대중에게 설파되어 왔다

« L'ouvrier n'a rien à perdre, et il a tout à gagner »

"노동자는 잃을 것이 없고 얻을 것이 다 있다"

le mouvement bourgeois offrait aussi une chance de se confronter à ces platitudes

부르주아 운동은 또한 이러한 진부함에 맞설 수 있는 기회를 제공했다

la critique française présupposait l'existence d'une société bourgeoise moderne

프랑스 비판은 현대 부르주아 사회의 존재를 전제했다

Conditions économiques d'existence de la bourgeoisie et constitution politique de la bourgeoisie

부르주아지의 경제적 존재 조건과 부르주아지의 정치 헌법

les choses mêmes dont la réalisation était l'objet de la lutte imminente en Allemagne

그 달성이 독일에서 계류 중인 투쟁의 대상이었던 바로 그 것들

L'écho stupide du socialisme en Allemagne a abandonné ces objectifs juste à temps

독일의 어리석은 사회주의 메아리는 아슬아슬한 순간에 이러한 목표를 포기했다

Les gouvernements absolus avaient leur suite de pasteurs, de professeurs, d'écuyers de campagne et de fonctionnaires

절대정부들은 목사들, 교수들, 시골 지주들, 관리들을 추종했다

le gouvernement de l'époque a répondu aux soulèvements de la classe ouvrière allemande par des coups de fouet et des balles

당시 독일 정부는 독일 노동계급의 봉기에 채찍질과 총알로 맞섰다

pour eux, ce socialisme était un épouvantail bienvenu contre la bourgeoisie menaçante

그들에게 이 사회주의는 위협적인 부르주아지에 대항하는 환영받는 허수아비 역할을 했다

et le gouvernement allemand a pu offrir un dessert sucré après les pilules amères qu'il a distribuées

그리고 독일 정부는 쓴 알약을 나눠준 후 달콤한 디저트를 제공할 수 있었습니다

ce « vrai » socialisme servait donc aux gouvernements d'arme pour combattre la bourgeoisie allemande

따라서 이 "진정한" 사회주의는 독일 부르주아지와 싸우기 위한 무기로서 정부들에게 봉사했다

et, en même temps, il représentait directement un intérêt réactionnaire ; celle des Philistins allemands

그리고 동시에, 그것은 직접적으로 반동적인 이해관계를 대표했다. 독일 블레셋 사람들의

En Allemagne, la petite bourgeoisie est la véritable base sociale de l'état de choses actuel

독일에서 소부르주아 계급은 현존하는 사물 상태의
진정한 사회적 기초이다

une relique du XVIe siècle qui n'a cessé de surgir sous
diverses formes

다양한 형태로 끊임없이 자라나고 있는 16세기의 유물

Conserver cette classe, c'est préserver l'état de choses
existant en Allemagne

이 계급을 보존하는 것은 독일의 현존하는 상태를
보존하는 것이다

La suprématie industrielle et politique de la bourgeoisie
menace la petite bourgeoisie d'une destruction certaine

부르주아지의 산업적, 정치적 우월성은 소부르주아지를
확실한 파멸로 위협한다

d'une part, elle menace de détruire la petite bourgeoisie par
la concentration du capital

한편으로는 자본의 집중을 통해 소부르주아지를
파괴하겠다고 위협한다

d'autre part, la bourgeoisie menace de la détruire par
l'avènement d'un prolétariat révolutionnaire

다른 한편으로, 부르주아지는 혁명적 프롤레타리아트의
등장을 통해 부르주아지를 파괴하겠다고 위협한다

Le « vrai » socialisme semblait faire d'une pierre deux coups.
Il s'est répandu comme une épidémie

"진정한" 사회주의는 이 두 마리의 새를 하나의 돌로
죽이는 것처럼 보였다. 그것은 전염병처럼 퍼져나갔다

La robe de toiles d'araignées spéculatives, brodée de fleurs
de rhétorique, trempée dans la rosée du sentiment maladif

수사학의 꽃으로 수놓아진 사색적인 거미줄의 옷은
역겨운 감정의 이슬에 흠뻑 젖어 있었다

cette robe transcendantale dans laquelle les socialistes
allemands enveloppaient leurs tristes « vérités éternelles »

독일 사회주의자들이 그들의 슬픈 "영원한 진리"를
포장한 이 초월적 가운

tout de peau et d'os, servaient à augmenter
merveilleusement la vente de leurs marchandises auprès
d'un public aussi

모든 피부와 뼈는 그러한 대중들 사이에서 그들의
상품의 판매를 놀랍도록 증가시키는 데 기여했다

Et de son côté, le socialisme allemand reconnaissait de plus
en plus sa propre vocation

그리고 독일 사회주의는 점점 더 자신의 소명을
인식했다

on l'appelait à être le représentant grandiloquent de la
petite-bourgeoisie philistine

그것은 쁘띠 부르주아 블레셋의 과격한 대표자로 부름을
받았다

Il proclamait que la nation allemande était la nation modèle,
et le petit philistin allemand l'homme modèle

그것은 독일 민족을 모범 민족으로, 독일의 하찮은
블레셋 민족을 모범 민족으로 선포하였다

À chaque méchanceté de cet homme modèle, elle donnait
une interprétation socialiste cachée, plus élevée

이 모범적인 남자의 모든 악랄한 비열함에 대해 그것은
숨겨져 있는, 더 높은 사회주의적 해석을 주었다

cette interprétation socialiste supérieure était l'exact
contraire de son caractère réel

이 고상한 사회주의적 해석은 그것의 실제 성격과
정반대였다

Il est allé jusqu'à s'opposer directement à la tendance «
brutalement destructrice » du communisme

그것은 공산주의의 "잔인할 정도로 파괴적인" 경향에
직접적으로 반대하는 극단적인 지경에까지 이르렀다

et il proclamait son mépris suprême et impartial de toutes
les luttes de classes

그리고 그것은 모든 계급 투쟁에 대한 최고이자 공정한
경멸을 선언했다

À de très rares exceptions près, toutes les publications dites
socialistes et communistes qui circulent aujourd'hui (1847)

en Allemagne appartiennent au domaine de cette littérature nauséabonde et énervante

극소수의 예외를 제외하고, 현재(1847년) 독일에서
유통되고 있는 소위 사회주의와 공산주의 출판물은 모두
이 더럽고 정력적인 문학의 영역에 속한다

2) Le socialisme conservateur ou le socialisme bourgeois
2) 보수적 사회주의 또는 부르주아 사회주의

Une partie de la bourgeoisie est désireuse de redresser les griefs sociaux
부르주아지의 일부는 사회적 불만을 시정하기를 원한다
afin d'assurer la pérennité de la société bourgeoise
부르주아 사회의 존속을 확보하기 위해서
C'est à cette section qu'appartiennent les économistes, les philanthropes, les humanitaires
이 섹션에는 경제학자, 자선가, 인도주의자가 속합니다
améliorateurs de la condition de la classe ouvrière et organisateurs de la charité
노동계급의 조건 개선자들과 자선단체의 조직가들
membres des sociétés de prévention de la cruauté envers les animaux
동물 학대 방지 협회 회원
fanatiques de la tempérance, réformateurs de toutes sortes imaginables
절제 광신자들, 상상할 수 있는 모든 종류의 구멍과 구석구석 개혁가들
Cette forme de socialisme a, d'ailleurs, été élaborée en systèmes complets
더욱이 이러한 형태의 사회주의는 완전한 체계로 발전해 왔다
On peut citer la « Philosophie de la Misère » de Proudhon comme exemple de cette forme
프루동의 '미제르 철학'을 그 예로 들 수 있다
La bourgeoisie socialiste veut tous les avantages des conditions sociales modernes
사회주의 부르주아지는 현대 사회 조건의 모든 이점을 원한다
mais la bourgeoisie socialiste ne veut pas nécessairement des luttes et des dangers qui en résultent
그러나 사회주의 부르주아지가 반드시 그로 인한 투쟁과 위험을 원하는 것은 아니다

Ils désirent l'état actuel de la société, sans ses éléments révolutionnaires et désintégrateurs

그들은 사회의 혁명적이고 붕괴적인 요소들을 뺀 현존하는 사회의 상태를 갈망한다

c'est-à-dire qu'ils veulent une bourgeoisie sans prolétariat

다른 말로 하자면, 그들은 프롤레타리아 없는 부르주아지를 원한다

La bourgeoisie conçoit naturellement le monde dans lequel elle est souveraine d'être la meilleure

부르주아 계급은 자연히 자신이 최고인 세계를 최고로 생각한다

et le socialisme bourgeois développe cette conception confortable en divers systèmes plus ou moins complets

그리고 부르주아 사회주의는 이 편안한 개념을 다소간 완전한 다양한 체계들로 발전시킨다

ils voudraient beaucoup que le prolétariat marche droit dans la Nouvelle Jérusalem sociale

그들은 프롤레타리아트가 사회적인 새 예루살렘으로 곧장 행진하기를 매우 원한다

Mais en réalité, elle exige du prolétariat qu'il reste dans les limites de la société existante

그러나 실제로 그것은 프롤레타리아트가 기존 사회의 테두리 안에 머물 것을 요구한다

ils demandent au prolétariat de se débarrasser de toutes ses idées haineuses sur la bourgeoisie

그들은 프롤레타리아트에게 부르주아지에 관한 그들의 모든 증오스러운 관념들을 버릴 것을 요구한다

il y a une seconde forme plus pratique, mais moins systématique, de ce socialisme

이 사회주의의 두 번째 형태는 더 실용적이지만 덜 체계적이다

Cette forme de socialisme cherchait à déprécier tout mouvement révolutionnaire aux yeux de la classe ouvrière

이러한 형태의 사회주의는 노동계급의 눈으로 볼 때 모든 혁명적 운동의 가치를 떨어뜨리려 했다

Ils soutiennent qu'aucune simple réforme politique ne pourrait leur être d'un quelconque avantage

그들은 단순한 정치 개혁이 자신들에게 아무런 이익이 될 수 없다고 주장한다

Seul un changement dans les conditions matérielles d'existence dans les relations économiques est bénéfique

경제적 관계에서 물질적 존재 조건의 변화만이 유익하다

Comme le communisme, cette forme de socialisme prône un changement des conditions matérielles d'existence

공산주의와 마찬가지로, 이러한 형태의 사회주의는 물질적 존재 조건의 변화를 옹호한다

Cependant, cette forme de socialisme ne suggère nullement l'abolition des rapports de production bourgeois

그러나 이러한 형태의 사회주의는 결코 부르주아지의 생산관계의 폐지를 의미하지 않는다

l'abolition des rapports de production bourgeois ne peut se faire que par la révolution

부르주아지 생산관계의 폐지는 혁명을 통해시만 성취될 수 있다

Mais au lieu d'une révolution, cette forme de socialisme suggère des réformes administratives

그러나 이러한 형태의 사회주의는 혁명 대신 행정 개혁을 제안한다

et ces réformes administratives seraient fondées sur la pérennité de ces relations

그리고 이러한 행정 개혁은 이러한 관계의 지속적인 존재에 기초를 둘 것이다

réformes qui n'affectent en rien les rapports entre le capital et le travail

따라서 자본과 노동의 관계에 아무런 영향도 미치지 않는 개혁

au mieux, de telles réformes réduisent le coût et simplifient le travail administratif du gouvernement bourgeois

기껏해야 그러한 개혁은 비용을 줄이고 부르주아 정부의 행정 업무를 단순화할 뿐이다

Le socialisme bourgeois atteint une expression adéquate lorsque, et seulement lorsque, il devient une simple figure de style

부르주아 사회주의는 적절한 표현을 획득하며, 그 때 비로소 그것이 단순한 비유적 표현이 된다

Le libre-échange : au profit de la classe ouvrière

자유무역: 노동계급의 이익을 위해

Les devoirs protecteurs : au profit de la classe ouvrière

보호 의무: 노동계급의 이익을 위해

Réforme pénitentiaire : au profit de la classe ouvrière

교도소 개혁: 노동계급의 이익을 위해

C'est le dernier mot et le seul mot sérieux du socialisme bourgeois

이것은 부르주아 사회주의의 마지막 단어이자 유일하게 진지하게 의미있는 단어이다

Elle se résume dans la phrase : la bourgeoisie est une bourgeoisie au profit de la classe ouvrière

그것은 다음과 같은 말로 요약된다: 부르주아지는 노동계급의 이익을 위한 부르주아지이다

3) Socialisme et communisme utopiques critiques
3) 비판적 유토피아적 사회주의와 공산주의

Nous ne nous référons pas ici à la littérature qui a toujours donné la parole aux revendications du prolétariat
우리는 여기서 프롤레타리아트의 요구들에 항상
목소리를 내왔던 문학을 언급하지 않는다

cela a été présent dans toutes les grandes révolutions modernes, comme les écrits de Babeuf et d'autres
이것은 바뵈프(Babeuf)와 다른 사람들의 저술과 같은
모든 위대한 현대 혁명에 나타났다

Les premières tentatives directes du prolétariat pour parvenir à ses propres fins échouèrent nécessairement
프롤레타리아트가 자신의 목적을 달성하려는 최초의
직접적인 시도는 필연적으로 실패했다

Ces tentatives ont été faites dans des temps d'effervescence universelle, lorsque la société féodale était renversée
이러한 시도는 봉건 사회가 전복되던 보편적인 흥분의
시기에 이루어졌다

L'état alors peu développé du prolétariat a conduit à l'échec de ces tentatives
당시 프롤레타리아트의 발전되지 않은 상태는 그러한
시도들을 실패로 이끌었다

et ils ont échoué en raison de l'absence des conditions économiques pour son émancipation
그리고 그들은 해방을 위한 경제적 조건의 부재로 인해
실패했다

conditions qui n'avaient pas encore été produites, et qui ne pouvaient être produites que par l'époque de la bourgeoisie
아직 생산되지 않았던, 그리고 임박한 부르주아
시대만이 생산할 수 있는 조건들

La littérature révolutionnaire qui accompagnait ces premiers mouvements du prolétariat avait nécessairement un caractère réactionnaire

프롤레타리아트의 이러한 첫 번째 운동에 수반된 혁명적
문헌들은 필연적으로 반동적인 성격을 띠고 있었다

Cette littérature inculquait l'ascétisme universel et le
nivellement social dans sa forme la plus grossière

이 문헌은 보편적인 금욕주의와 사회적 평준화를 가장
조잡한 형태로 주입했다

Les systèmes socialistes et communistes, proprement dits,
naissent au début de la période sous-développée

사회주의와 공산주의 체제는, 이른바 이른바 미개발
초기에 생겨났다

Saint-Simon, Fourier, Owen et d'autres, ont décrit la lutte
entre le prolétariat et la bourgeoisie (voir section 1)

생시몽, 푸리에, 오웬 등은 프롤레타리아트와
부르주아지 사이의 투쟁을 묘사했다(제1부 참조)

Les fondateurs de ces systèmes voient, en effet, les
antagonismes de classe

이 체계들의 창시자들은 실제로 계급적 적대감을 본다

Ils voient aussi l'action des éléments en décomposition, dans
la forme dominante de la société

그들은 또한 사회의 지배적인 형태에서 부패하는
요소들의 작용을 본다

Mais le prolétariat, encore à ses débuts, leur offre le
spectacle d'une classe sans aucune initiative historique

그러나 프롤레타리아트는 아직 초기 단계에 있기 때문에
그들에게 어떤 역사적 주도권도 없는 계급의 스펙터클을
제공한다

Ils voient le spectacle d'une classe sociale sans aucun
mouvement politique indépendant

그들은 어떤 독립적인 정치 운동도 없는 사회 계급의
광경을 본다

Le développement de l'antagonisme de classe va de pair
avec le développement de l'industrie

계급 적대의 발전은 산업의 발전과 보조를 맞춘다

La situation économique ne leur offre donc pas encore les
conditions matérielles de l'émancipation du prolétariat

따라서 경제적 상황은 아직 그들에게 프롤레타리아트의
해방을 위한 물질적 조건을 제공하지 않는다

Ils cherchent donc une nouvelle science sociale, de nouvelles
lois sociales, qui doivent créer ces conditions

따라서 그들은 이러한 조건들을 창조할 새로운
사회과학, 새로운 사회법칙들을 추구한다

l'action historique, c'est céder à leur action inventive
personnelle

역사적 행동은 그들의 개인적 발명적 행동에 굴복하는
것이다

Les conditions d'émancipation créées historiquement
doivent céder la place à des conditions fantastiques

역사적으로 창조된 해방의 조건들은 환상적인 조건들에
굴복하게 되어 있다

et l'organisation de classe graduelle et spontanée du
prolétariat doit céder la place à l'organisation de la société

그리고 프롤레타리아트의 점진적이고 자발적인 계급
조직은 사회의 조직에 굴복하는 것이다

l'organisation de la société spécialement conçue par ces
inventeurs

이 발명가들에 의해 특별히 고안된 사회의 조직

L'histoire future se résout, à leurs yeux, dans la propagande
et l'exécution pratique de leurs projets sociaux

그들의 눈에는 미래의 역사가 그들의 사회적 계획의
선전과 실천적 실행으로 귀결된다

Dans l'élaboration de leurs plans, ils ont conscience de
s'occuper avant tout des intérêts de la classe ouvrière

계획을 수립할 때 그들은 주로 노동계급의 이해관계를
돌보는 것을 의식한다

Ce n'est que du point de vue d'être la classe la plus
souffrante que le prolétariat existe pour eux

가장 고통받는 계급이라는 관점에서만
프롤레타리아트는 그들을 위해 존재한다

L'état sous-développé de la lutte des classes et leur propre
environnement informent leurs opinions

계급투쟁의 미발전 상태와 그들 자신의 환경은 그들의
의견에 영향을 미친다

**Les socialistes de ce genre se considèrent comme bien
supérieurs à tous les antagonismes de classe**
이런 종류의 사회주의자들은 자신들이 모든 계급적
적대보다 훨씬 우월하다고 생각한다

**Ils veulent améliorer la condition de tous les membres de la
société, même celle des plus favorisés**
그들은 사회의 모든 구성원, 심지어 가장 특혜를 받는
사람들의 상태를 개선하기를 원합니다

**Par conséquent, ils s'adressent habituellement à la société
dans son ensemble, sans distinction de classe**
따라서 그들은 계급의 구별 없이 습관적으로 사회
전반에 호소합니다

**Bien plus, ils font appel à la société dans son ensemble de
préférence à la classe dirigeante**
아니, 그들은 지배 계급에 대한 선호로 사회 전체에
호소한다

**Pour eux, tout ce qu'il faut, c'est que les autres comprennent
leur système**
그들에게 필요한 것은 다른 사람들이 그들의 시스템을
이해하는 것뿐입니다

**Car comment les gens peuvent-ils ne pas voir que le
meilleur plan possible est le meilleur état possible de la
société ?**
왜냐하면, 가능한 최선의 계획이 사회의 최상의 상태를
위한 것임을 사람들이 어떻게 깨닫지 못할 수 있겠는가?

**C'est pourquoi ils rejettent toute action politique, et surtout
toute action révolutionnaire**
따라서 그들은 모든 정치적 행동, 특히 모든 혁명적
행동을 거부한다

ils veulent arriver à leurs fins par des moyens pacifiques
그들은 평화적인 수단으로 목적을 달성하기를 원한다

**ils s'efforcent, par de petites expériences, qui sont
nécessairement vouées à l'échec**

그들은 필연적으로 실패할 운명에 처한 작은 실험들을 통해 노력한다

et par la force de l'exemple, ils essaient d'ouvrir la voie au nouvel Évangile social

그리고 그들은 모범의 힘으로 새로운 사회 복음을 위한 길을 닦으려고 노력한다

De tels tableaux fantastiques de la société future, peints à une époque où le prolétariat est encore dans un état très sous-développé

프롤레타리아트가 아직 매우 발전되지 않은 상태에 있는 시기에 그려진 미래 사회에 대한 이러한 환상적인 그림들

et il n'a encore qu'une conception fantasmatique de sa propre position

그리고 그것은 여전히 자신의 위치에 대한 환상적 개념만을 가지고 있다

Mais leurs premières aspirations instinctives correspondent aux aspirations du prolétariat

그러나 그들의 첫 번째 본능적 갈망은 프롤레타리아트의 갈망과 상응한다

L'un et l'autre aspirent à une reconstruction générale de la société

두 사람 모두 사회의 전반적인 재건을 갈망한다

Mais ces publications socialistes et communistes contiennent aussi un élément critique

그러나 이러한 사회주의 및 공산주의 출판물에는 중요한 요소도 포함되어 있습니다

Ils s'attaquent à tous les principes de la société existante

그들은 기존 사회의 모든 원칙을 공격합니다

C'est pourquoi ils sont remplis des matériaux les plus précieux pour l'illumination de la classe ouvrière

따라서 그들은 노동계급의 계몽을 위한 가장 가치 있는 자료들로 가득 차 있다

Ils proposent l'abolition de la distinction entre la ville et la campagne, et la famille

그들은 도시와 시골, 그리고 가족 사이의 구별을 폐지할
것을 제안한다

la suppression de l'exercice de l'industrie pour le compte des
particuliers

개인 계정을 위한 산업 수행의 폐지

et l'abolition du salariat et la proclamation de l'harmonie
sociale

임금 제도의 폐지와 사회적 화합의 선포

la transformation des fonctions de l'État en une simple
surveillance de la production

국가의 기능을 단순한 생산 감독으로 전환하는 것

Toutes ces propositions ne pointent que vers la disparition
des antagonismes de classe

이 모든 제안들은 오로지 계급 적대감의 소멸만을
가리킨다

Les antagonismes de classe ne faisaient alors que surgir

그 당시에는 계급 적대감이 막 생겨나고 있었다

Dans ces publications, ces antagonismes de classe ne sont
reconnus que dans leurs formes les plus anciennes,
indistinctes et indéfinies

이 출판물들에서 이러한 계급적 적대감은 가장 초기의
불분명하고 불분명한 형태로만 인식된다

Ces propositions ont donc un caractère purement utopique

그러므로 이러한 제안들은 순전히 유토피아적 성격을
띤다

La signification du socialisme et du communisme critiques-
utopiques est en relation inverse avec le développement
historique

비판적 유토피아적 사회주의와 공산주의의 의의는
역사적 발전과 반비례한다

La lutte de classe moderne se développera et continuera à
prendre une forme définitive

현대의 계급투쟁은 발전할 것이고 계속해서 분명한
형태를 취할 것이다

Cette réputation fantastique du concours perdra toute valeur
pratique

콘테스트에서 이 환상적인 순위는 모든 실용적인 가치를 잃게 될 것입니다

Ces attaques fantastiques contre les antagonismes de classe perdront toute justification théorique

계급 적대에 대한 이러한 환상적인 공격은 모든 이론적 정당성을 잃게 될 것이다

Les initiateurs de ces systèmes étaient, à bien des égards, révolutionnaires

이 제도의 창시자들은 여러 면에서 혁명적이었다

Mais leurs disciples n'ont, dans tous les cas, formé que des sectes réactionnaires

그러나 그들의 제자들은 모든 경우에 있어서 단지 반동적인 분파들을 형성하였다

Ils s'en tiennent fermement aux vues originales de leurs maîtres

그들은 주인의 본래 견해를 굳게 고수한다

Mais ces vues s'opposent au développement historique progressif du prolétariat

그러나 이러한 견해들은 프롤레타리아트의 진보적인 역사적 발전에 반대되는 것이다

Ils s'efforcent donc, et cela constamment, d'étouffer la lutte des classes

그러므로, 그들은 계급투쟁을 무력화시키려고 노력하며, 그것도 일관되게 그렇게 한다

et ils s'efforcent constamment de concilier les antagonismes de classe

그리고 그들은 계급적 적대감을 조화시키려고 끊임없이 노력한다

Ils rêvent encore de la réalisation expérimentale de leurs utopies sociales

그들은 여전히 사회적 유토피아의 실험적 실현을 꿈꾼다

ils rêvent encore de fonder des « phalanstères » isolés et d'établir des « colonies d'origine »

그들은 여전히 고립된 "팔란스테레스"를 세우고 "고향 식민지"를 건설하는 꿈을 꾸고 있습니다

ils rêvent de mettre en place une « Petite Icarie » – éditions
duodecimo de la Nouvelle Jérusalem
그들은 "작은 이카리아", 즉 새 예루살렘의 십이지장판을
세우는 꿈을 꾸고 있다

Et ils rêvent de réaliser tous ces châteaux dans les airs
그리고 그들은 공중에 떠 있는 이 모든 성을 실현하는
꿈을 꿉니다

Ils sont obligés de faire appel aux sentiments et aux bourses
des bourgeois
그들은 부르주아지의 감정과 지갑에 호소할 수밖에 없다

Peu à peu, ils s'enfoncent dans la catégorie des socialistes
conservateurs réactionnaires décrits ci-dessus
정도에 따라 그들은 위에서 묘사한 반동적인 보수적
사회주의자들의 범주에 속한다

ils ne diffèrent de ceux-ci que par une pédanterie plus
systématique
그들은 더 체계적인 현학에 의해서만 이들과 다르다

et ils diffèrent par leur croyance fanatique et superstitieuse
aux effets miraculeux de leur science sociale
그리고 그들은 그들의 사회 과학의 기적적인 효과에
대한 광신적이고 미신적인 믿음에 있어서 다르다

Ils s'opposent donc violemment à toute action politique de
la part de la classe ouvrière
따라서 그들은 노동계급의 모든 정치적 행동에 격렬하게
반대한다

une telle action, selon eux, ne peut résulter que d'une
incrédulité aveugle dans le nouvel Évangile
그들에 따르면, 그러한 행동은 새로운 복음에 대한
맹목적인 불신에서 비롯될 수밖에 없다

Les owénistes en Angleterre et les fouriéristes en France
s'opposent respectivement aux chartistes et aux réformistes
영국의 오웬파와 프랑스의 푸리에주의자들은 각각
차티스트와 "레포르미스트"에 반대한다

Position des communistes par rapport aux divers partis d'opposition existants

기존의 다양한 반대 정당들에 대한 공산주의자들의 입장

La section II a mis en évidence les relations des communistes avec les partis ouvriers existants

제2부는 공산주의자들과 기존 노동계급 정당들의 관계를 명백히 했다

comme les chartistes en Angleterre et les réformateurs agraires en Amérique

영국의 차티스트(Chartists)와 미국의 농업 개혁가들(Agriarian Reformers)과 같은 사람들

Les communistes luttent pour la réalisation des objectifs immédiats

공산주의자들은 당면한 목표의 달성을 위해 싸운다

Ils luttent pour l'application des intérêts momentanés de la classe ouvrière

그들은 노동계급의 순간적 이해관계의 관철을 위해 투쟁한다

Mais dans le mouvement politique d'aujourd'hui, ils représentent et s'occupent aussi de l'avenir de ce mouvement

그러나 현재의 정치 운동에서 그들은 또한 그 운동의 미래를 대표하고 돌본다

En France, les communistes s'allient avec les social-démocrates

프랑스에서 공산주의자들은 사회민주당과 동맹을 맺었다

et ils se positionnent contre la bourgeoisie conservatrice et radicale

그리고 그들은 보수적이고 급진적인 부르주아지에 대항하여 스스로를 위치시킨다

cependant, ils se réservent le droit d'adopter une position critique à l'égard des phrases et des illusions traditionnellement héritées de la grande Révolution

그러나 그들은 전통적으로 대혁명으로부터 전해져
내려온 문구와 환상에 대해 비판적인 입장을 취할
권리가 있다

**En Suisse, ils soutiennent les radicaux, sans perdre de vue
que ce parti est composé d'éléments antagonistes**

스위스에서 그들은 급진당을 지지하지만, 이 당이
적대적인 요소들로 구성되어 있다는 사실을 잊지 않는다

**en partie des socialistes démocrates, au sens français du
terme, en partie de la bourgeoisie radicale**

부분적으로는 민주적 사회주의자들, 프랑스적
의미에서는 부분적으로는 급진적 부르주아지

**En Pologne, ils soutiennent le parti qui insiste sur la
révolution agraire comme condition première de
l'émancipation nationale**

폴란드에서 그들은 민족해방의 최우선 조건으로
농업혁명을 주장하는 정당을 지지한다

ce parti qui fomenta l'insurrection de Cracovie en 1846

1846년 크라쿠프의 반란을 조장한 그 정당

**En Allemagne, ils luttent avec la bourgeoisie chaque fois
qu'elle agit de manière révolutionnaire**

독일에서 그들은 부르주아지가 혁명적으로 행동할
때마다 그들과 싸운다

**contre la monarchie absolue, l'escroc féodal et la petite
bourgeoisie**

절대왕정, 봉건적 지주, 소부르주아지에 대항하여

**Mais ils ne cessent jamais, un seul instant, inculquer à la
classe ouvrière une idée particulière**

그러나 그들은 단 한 순간도 노동계급에게 하나의
특정한 사상을 주입하는 것을 결코 멈추지 않는다

**la reconnaissance la plus claire possible de l'antagonisme
hostile entre la bourgeoisie et le prolétariat**

부르주아지와 프롤레타리아트 사이의 적대적 적대감에
대한 가장 분명한 인식

**afin que les ouvriers allemands puissent immédiatement
utiliser les armes dont ils disposent**

독일 노동자들이 무기를 마음대로 사용할 수 있도록

les conditions sociales et politiques que la bourgeoisie doit nécessairement introduire en même temps que sa suprématie

부르주아지가 자신의 우월성과 함께 필연적으로 도입해야 하는 사회적, 정치적 조건들

la chute des classes réactionnaires en Allemagne est inévitable

독일에서 반동계급의 몰락은 불가피하다

et alors la lutte contre la bourgeoisie elle-même peut commencer immédiatement

그러면 부르주아지 자체에 대한 투쟁이 즉시 시작될 수 있다

Les communistes tournent leur attention principalement vers l'Allemagne, parce que ce pays est à la veille d'une révolution bourgeoise

공산주의자들은 주로 독일로 관심을 돌리는데, 그 이유는 독일이 부르주아 혁명의 전야에 있기 때문이다

une révolution qui ne manquera pas de s'accomplir dans des conditions plus avancées de la civilisation européenne

유럽 문명의 보다 발전된 조건 하에서 수행될 수밖에 없는 혁명

Et elle ne manquera pas de se faire avec un prolétariat beaucoup plus développé

그리고 그것은 훨씬 더 발전된 프롤레타리아트와 함께 수행될 수밖에 없다

un prolétariat plus avancé que celui de l'Angleterre au XVIIe siècle, et celui de la France au XVIIIe siècle

17세기에는 영국보다 더 진보한 프롤레타리아트가 있었고, 18세기에는 프랑스가 있었다

et parce que la révolution bourgeoise en Allemagne ne sera que le prélude d'une révolution prolétarienne qui suivra immédiatement

독일에서의 부르주아 혁명은 바로 뒤따르는 프롤레타리아 혁명의 전주곡에 불과할 것이기 때문이다

Bref, partout les communistes soutiennent tout mouvement
révolutionnaire contre l'ordre social et politique existant
요컨대, 공산주의자들은 도처에서 현존하는 사회적,
정치적 질서에 대항하는 모든 혁명적 운동을 지지한다

Dans tous ces mouvements, ils mettent au premier plan,
comme la question maîtresse de chacun d'eux, la question de
la propriété
이 모든 운동들에서 그들은 각각의 주요 문제로서 소유
문제를 전면에 내세운다

quel que soit son degré de développement dans ce pays à ce
moment-là
당시 그 나라의 발전 정도가 어떻든 상관 없습니다

Enfin, ils œuvrent partout pour l'union et l'accord des partis
démocratiques de tous les pays
마지막으로, 그들은 모든 나라의 민주주의 정당들의
연합과 합의를 위해 도처에서 일한다

Les communistes dédaignent de dissimuler leurs vues et
leurs objectifs
공산주의자들은 자기들의 견해와 목표를 감추는 것을
경멸한다

Ils déclarent ouvertement que leurs fins ne peuvent être
atteintes que par le renversement par la force de toutes les
conditions sociales existantes
그들은 자기들의 목적이 현존하는 모든 사회적 조건들을
강제적으로 전복시킴으로써만 달성될 수 있다고
공공연히 선언한다

Que les classes dirigeantes tremblent devant une révolution
communiste
지배계급이 공산주의 혁명에 떨게 하라

Les prolétaires n'ont rien d'autre à perdre que leurs chaînes
프롤레타리아는 쇠사슬 외에는 잃을 것이 없다

Ils ont un monde à gagner
그들에게는 이겨야 할 세계가 있습니다

TRAVAILLEURS DE TOUS LES PAYS, UNISSEZ-VOUS !
각국의 노동자 여러분, 단결하라!